透过图谱,串联劳动用工与人力资源工作的知识脉络
开启法律与管理的跨界交流
追求劳动与发展的动态平衡

人力资源工作要点手记

HANDBOOK ON KEY POINTS OF HUMAN RESOURCES WORK

白话劳动法编写组·编

编 者 白永亮 韩 佳 李能娜
 石婉玉 段修平 李莹莹
 聂 萍 郑采薇 李 萌
 陈 静 仝寅石

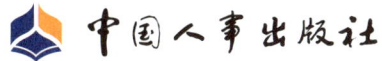
中国人事出版社

图书在版编目（CIP）数据

人力资源工作要点手记 / 白话劳动法编写组编. —
北京：中国人事出版社，2024. --ISBN 978-7-5129
-2109-2

Ⅰ.F243

中国国家版本馆 CIP 数据核字第 2024WB7744 号

中国人事出版社出版发行

（北京市惠新东街 1 号　邮政编码：100029）

＊

北京利丰雅高长城印刷有限公司印刷装订　　新华书店经销

787 毫米 ×1092 毫米　16 开本　16.25 印张　81 千字
2024 年 12 月第 1 版　2024 年 12 月第 1 次印刷

定价：**66.00** 元

营销中心电话：400-606-6496
出版社网址：https://www.class.com.cn

版权专有　　侵权必究

如有印装差错，请与本社联系调换：（010）81211666
我社将与版权执法机关配合，大力打击盗印、销售和使用盗版图书活动，敬请广大读者协助举报，经查实将给予举报者奖励。

举报电话：（010）64954652

手记概览 OVERVIEW

招聘配置合规

劳动合同管理合规 特殊情形下的劳动合同履行

人才培养与保护合规

绩效评价管理合规 企业文化与制度合规

薪酬与收入管理合规

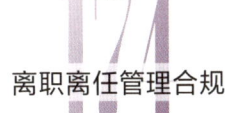
社会保障与住房公积金合规 离职离任管理合规

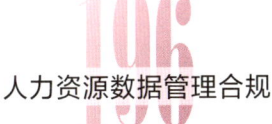
人力资源数据管理合规

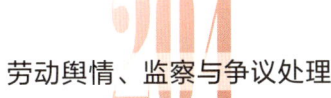
劳动舆情、监察与争议处理

多元化用工与配置合规

专题一　招聘配置合规

星期一	星期二

- 招聘管理
- 就业歧视及预防
- 试用期
- 录用条件
- 不符合录用条件解除流程
- 录用通知书（offer）

壹月

星期三	星期四	星期五	星期六	星期日

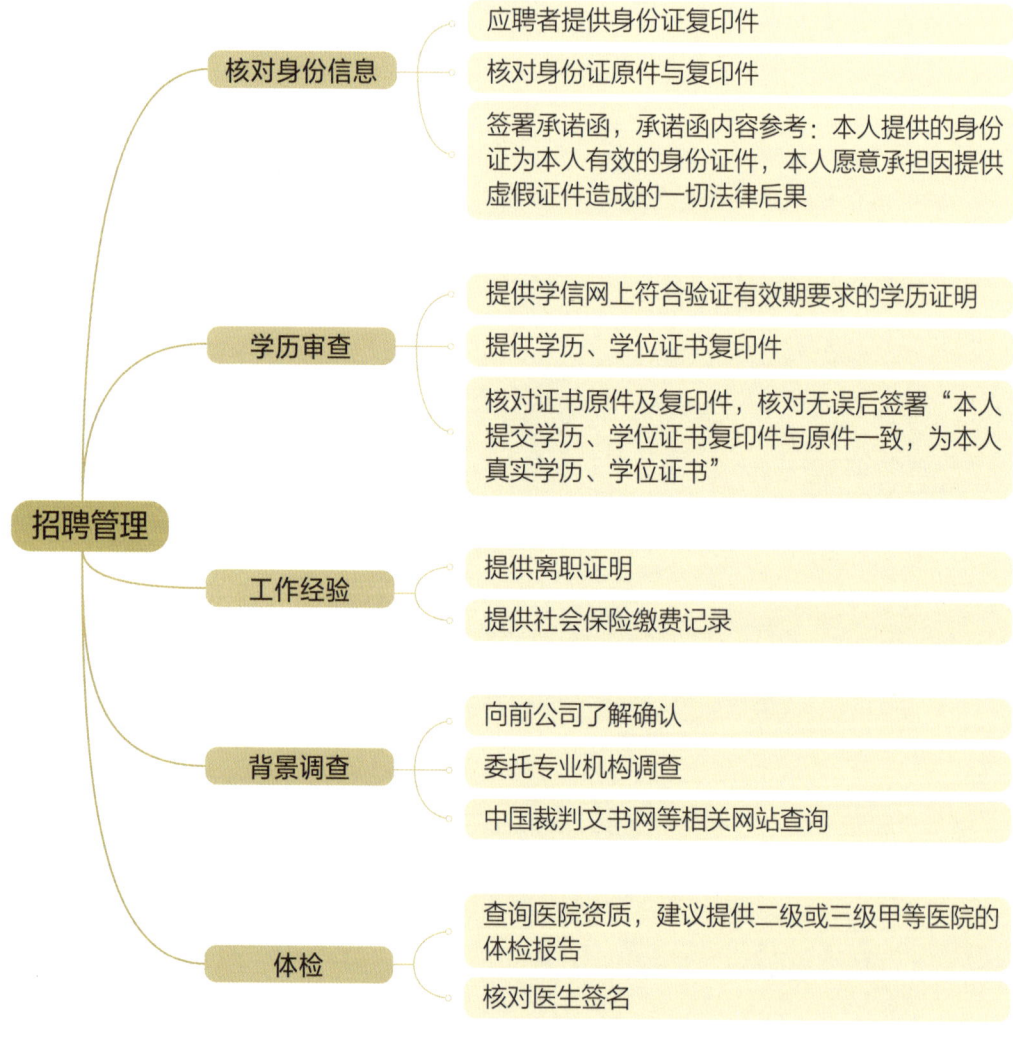

主題 THEME　　　日期 Date　　/　/

就业歧视及预防

就业歧视类型
- 民族歧视
- 种族歧视
- 性别歧视
- 宗教信仰歧视
- 残障歧视
- 地域歧视
- 传染病病原携带者歧视

预防措施
- 除非特殊岗位要求,招聘信息当中不要出现涉及性别、年龄、身高、地域、血型等可能引起就业歧视的相关描述
- 招聘信息中增加"符合以下条件者优先""以下条件择优录取"等相关描述
- 从岗位职责要求方面设计招聘条件
- 不将妊娠测试、乙肝测试列入体检项目

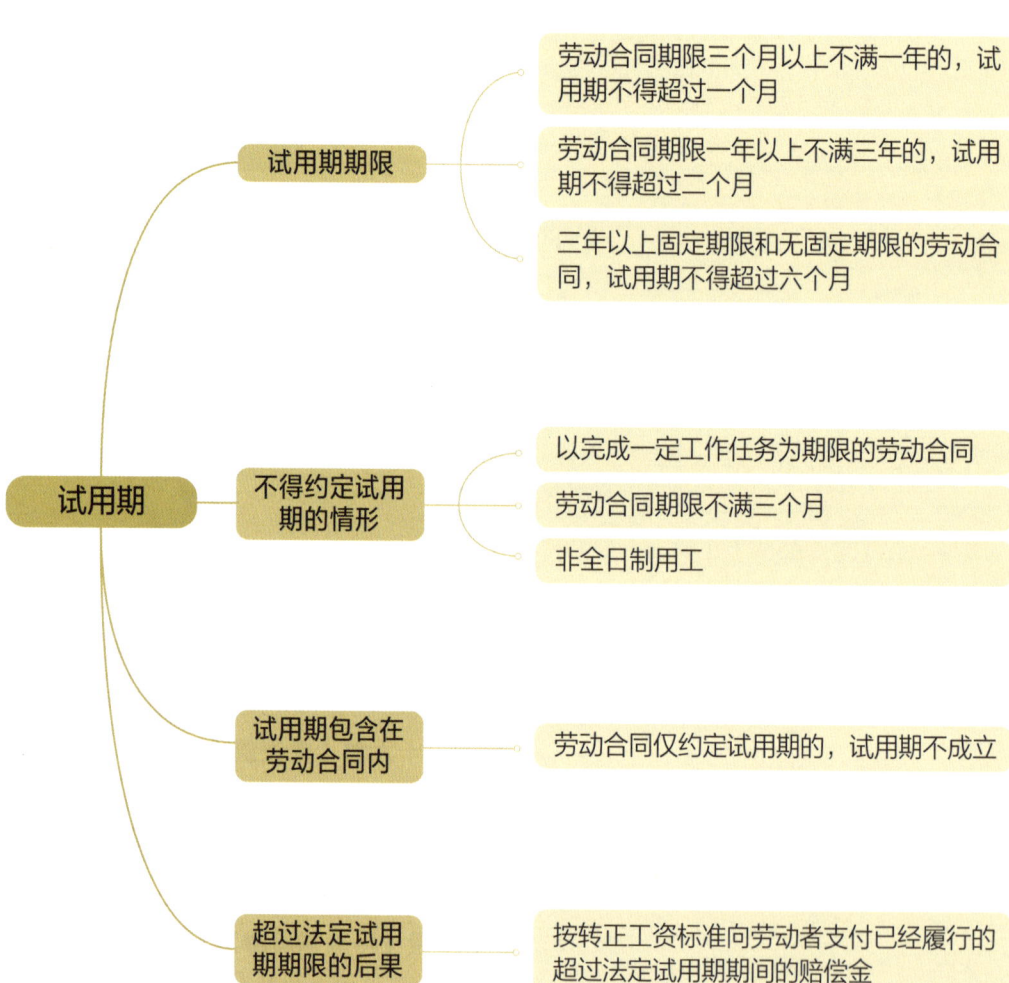

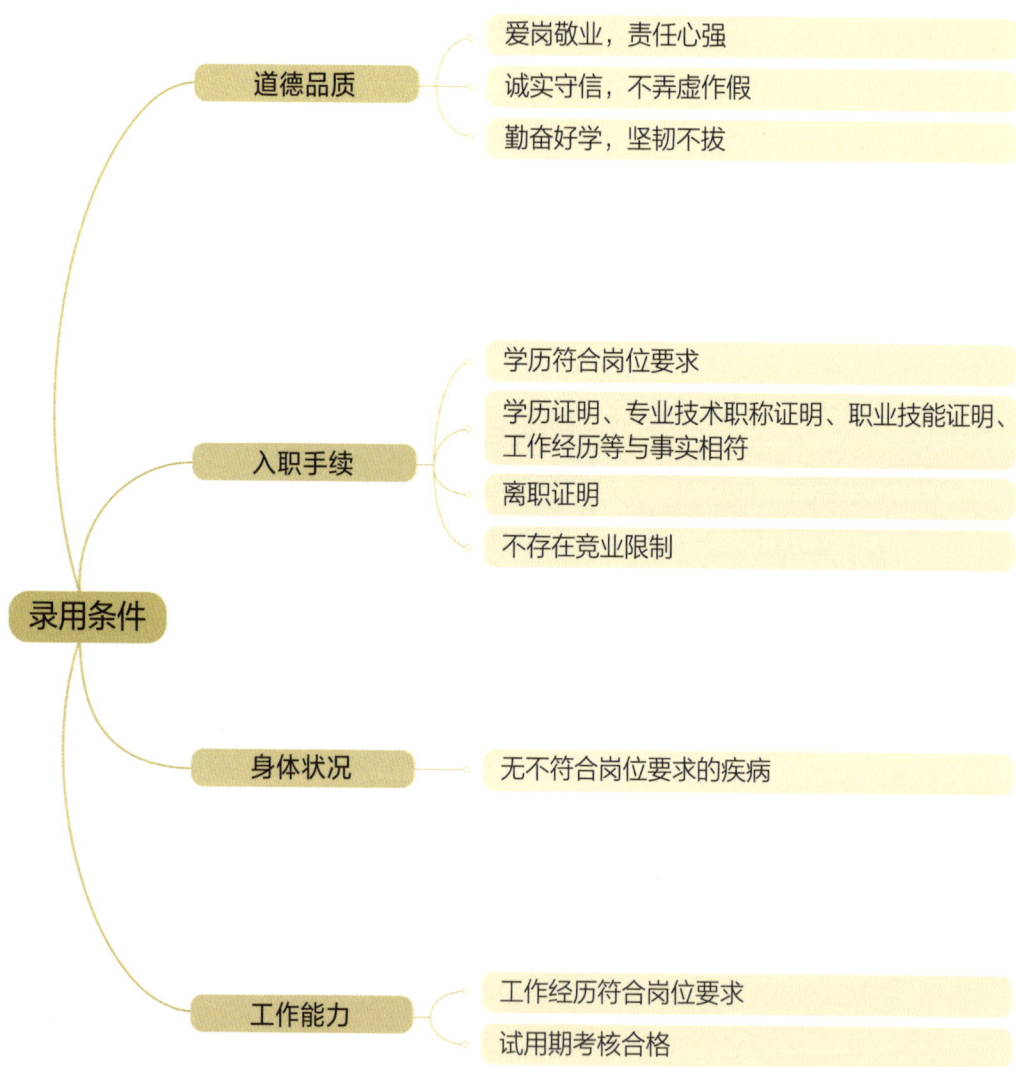

```
                                        ┌─ 入职时明确告知岗位职责与录用条件,做好送达
                                        │  记录,必要时签字确认
                                        │
                                        ├─ 明确不符合录用条件的依据,如绩效考核结果或
                                        │  考勤记录等
                                        │
    不符合录用条件解除流程 ──────────────┼─ 试用期解除决定书面告知工会,并征求工会意见
                                        │
                                        ├─ 试用期内向员工发送解除通知,并说明理由
                                        │
                                        └─ 办理离职手续
```

录用通知书（offer）

- 非HR强制性管理动作
- 优势：及时锁定候选人，劳动关系双方快速准备入职流程
- 性质：属于要约，是一种具有法律效力的法律文件
- 内容：岗位名称、薪酬标准、福利待遇、报到时间、入职手续（含需要携带的书面材料和体检通知）、用人单位办理入职手续的联系人等
- 风险提示
  - 一旦发出即具有法律效力，企业不能单方变更
  - 可以附带待生效条件，如材料核验真实、限期答复等
  - offer的内容与劳动合同、制度不一致时，裁审口径采取倾向于对员工有利的态度
  - 明确约定offer与劳动合同不一致时，以劳动合同为准；或劳动合同签订后offer自动失效

专题二 劳动合同管理合规

- 劳动合同类型
- 无固定期限劳动合同
- 劳动合同主要内容
- 劳动合同订立
- 劳动合同变更
- 劳动合同履行
- 劳动合同续签
- 用人单位变更后的劳动合同管理

星期一　　星期二

贰月

星期三	星期四	星期五	星期六	星期日

```
                          ┌─ 固定期限劳动合同 ─┬─ 以书面形式订立
                          │                    └─ 用人单位与劳动者约定合同起止时间
                          │
                          │                    ┌─ 以书面形式订立
                          ├─ 无固定期限劳动合同 ┼─ 用人单位与劳动者约定无确定终止时间
                          │                    └─ 法律规定情形下应当签订此合同
                          │
                          │                         ┌─ 以书面形式订立
  劳动合同类型 ─┤─ 以完成一定工作任务为期限的劳动合同 ┼─ 用人单位与劳动者约定劳动合同至项目工作任务完成时终止
                          │                         └─ 合同终止后,用人单位应向劳动者支付经济补偿金
                          │
                          │                    ┌─ 可以订立口头协议
                          │                    ├─ 以小时计酬为主,平均每日工作时间不超过四小时,每周工作时间累计不超过二十四小时
                          └─ 非全日制劳动合同 ─┼─ 劳动报酬结算支付周期最长不得超过十五日
                                               ├─ 任何一方都可以随时通知对方终止用工
                                               └─ 终止用工时,用人单位不向劳动者支付经济补偿金
```

主题 THEME　　　　　　　　　　　日期 Date　　／　／

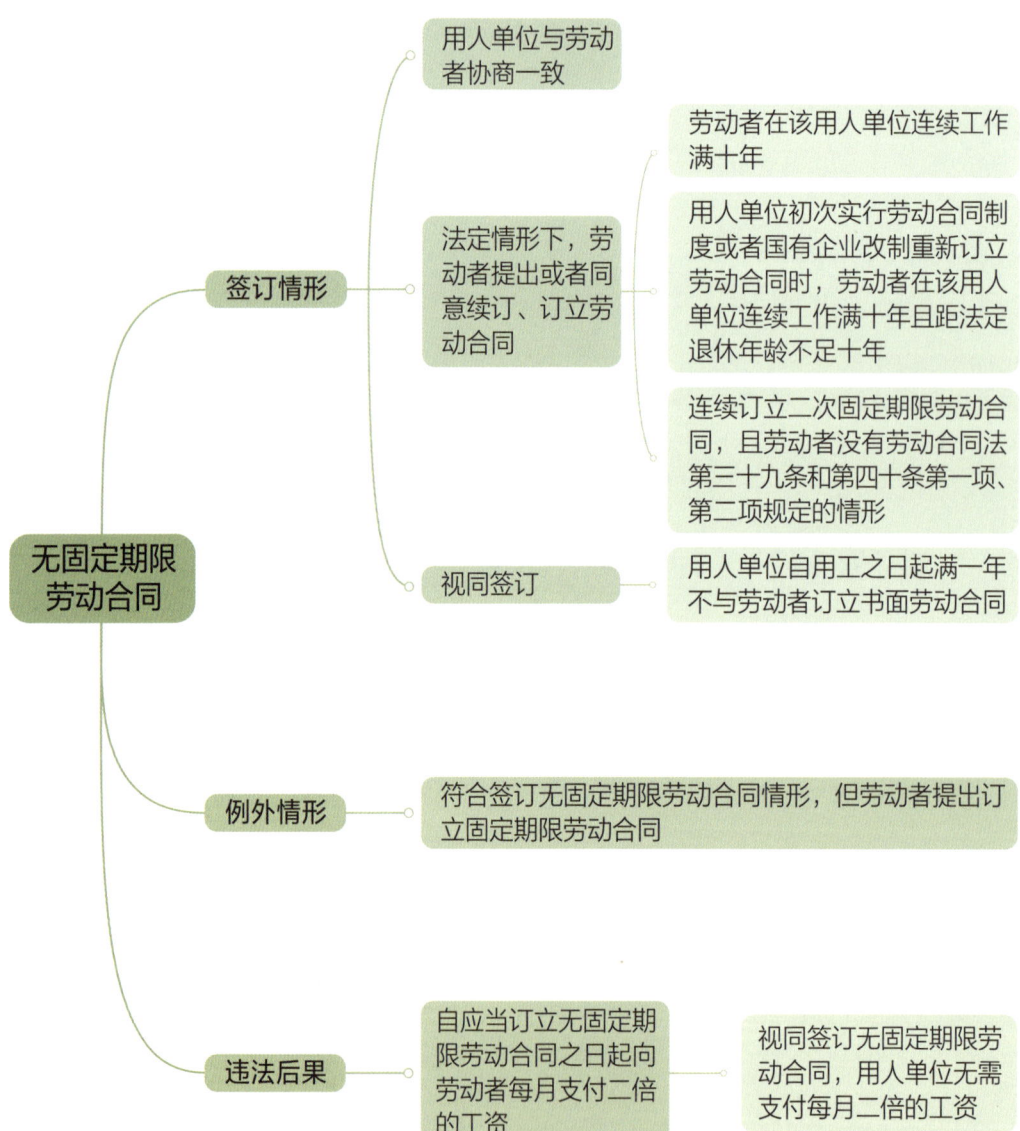

主题 THEME　　　　　　　　　　日期 Date　　/　　/

劳动合同主要内容

必备条款

- 用人单位基本情况
- 劳动者基本信息
- 劳动合同期限
  - 固定期限劳动合同
  - 无固定期限劳动合同
  - 以完成一定工作任务为期限的劳动合同
- 工作内容和工作地点
- 工作时间和休息休假
  - 标准工时制
  - 综合计算工时制
  - 不定时工时制
- 劳动报酬
  - 工资
    - 每月至少支付一次
    - 完成一次性临时劳动或某项具体工作,完成任务后即支付工资
  - 加班工资
    - 工作日延时加班,支付标准不低于150%
    - 休息日加班,之后不安排补休的,支付标准不低于200%
    - 法定节假日加班,支付标准不低于300%
- 社会保险
- 劳动保护、劳动条件和职业危害防护

可备条款

- 试用期
- 服务期
  - 用人单位为劳动者提供专项培训费用,可与该劳动者订立协议,约定服务期
  - 劳动者违反服务期约定的,应当按照约定向用人单位支付违约金
- 竞业限制
  - 限于高级管理人员、高级技术人员和其他负有保密义务的人员
  - 竞业限制期限不得超过2年,超过部分无效
- 保密条款
  - 可约定违约行为须承担损失赔偿责任,劳动者违反服务期约定的,应当按照约定向用人单位支付违约金

主题 THEME   日期 Date   /   /

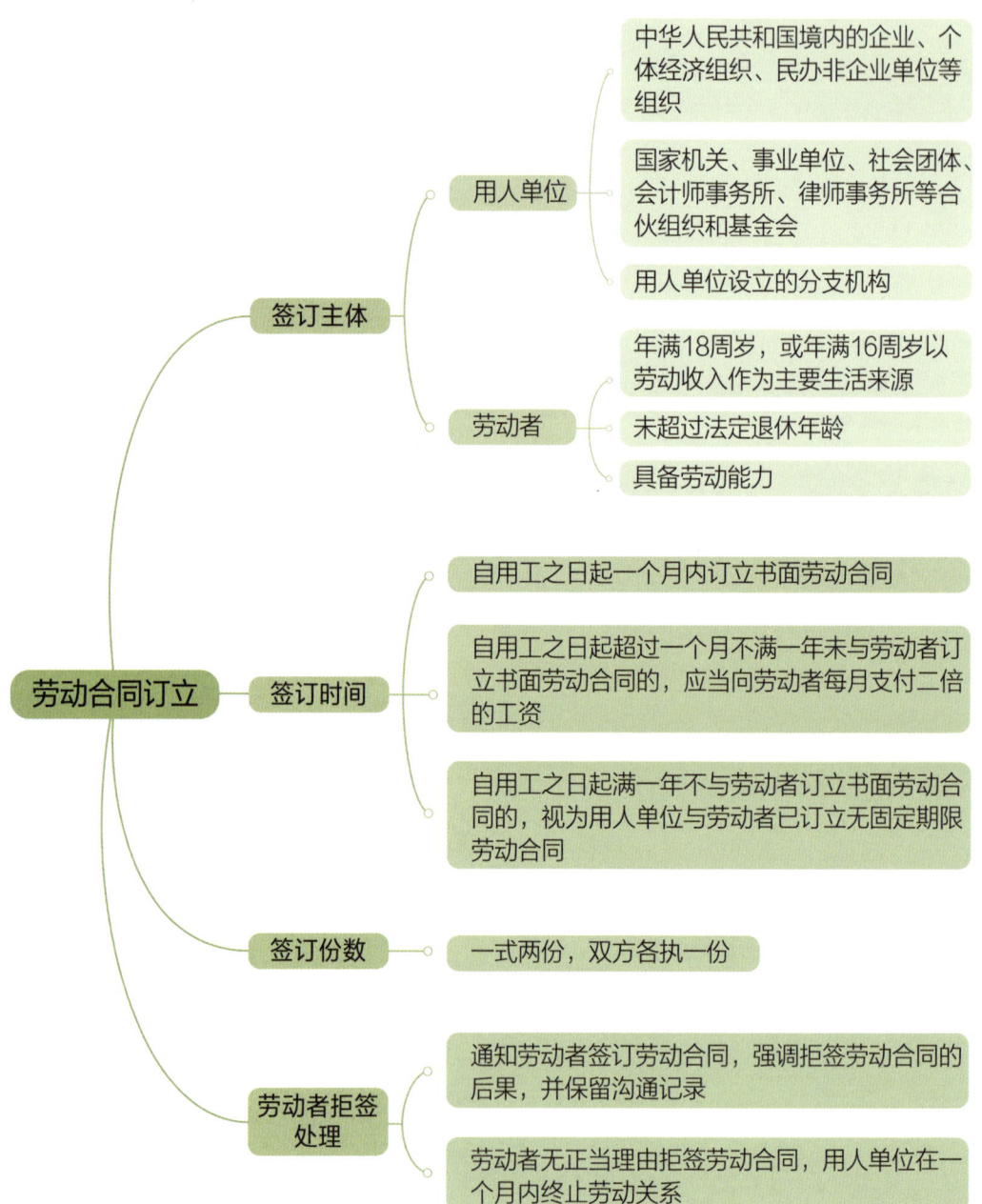

主题 THEME   日期 Date   /   /

劳动合同变更（一）：变更类型

- **协商变更**
  - 用人单位与劳动者协商一致，可以变更劳动合同约定的内容
  - **特殊口头变更**：《最高人民法院关于审理劳动争议案件适用法律问题的解释（一）》第四十三条规定，用人单位与劳动者协商一致变更劳动合同，虽未采用书面形式，但已经实际履行了口头变更的劳动合同超过一个月，变更后的劳动合同内容不违反法律、行政法规且不违背公序良俗，当事人以未采用书面形式为由主张劳动合同变更无效的，人民法院不予支持

- **约定变更**
  - 在劳动合同中事先进行"合理"约定劳动合同变更的情形，包括岗位调整及薪酬变化幅度等，当符合约定的情形发生时变更双方劳动合同
  - 用人单位与劳动者事前约定变更劳动合同的情形

- **法定变更**
  - **医疗期满无法从事原工作**：劳动者患病或者非因工负伤，在规定的医疗期满后不能从事原工作，用人单位可根据员工的健康状况为其安排力所能及的新工作
  - **不胜任工作**：经绩效考核后，用人单位有证据证明劳动者不能胜任工作，用人单位可为员工调整岗位，或合理降低职级
  - **客观情况发生重大变化**：劳动合同订立时所依据的客观情况发生重大变化，致使劳动合同无法履行，用人单位可以与劳动者协商变更其岗位及工作内容
  - **经济性裁员前**：企业转产、重大技术革新或者经营方式调整导致原岗位不存在的，用人单位可以与劳动者协商变更岗位的工作内容

主題 THEME   日期 Date   /   /

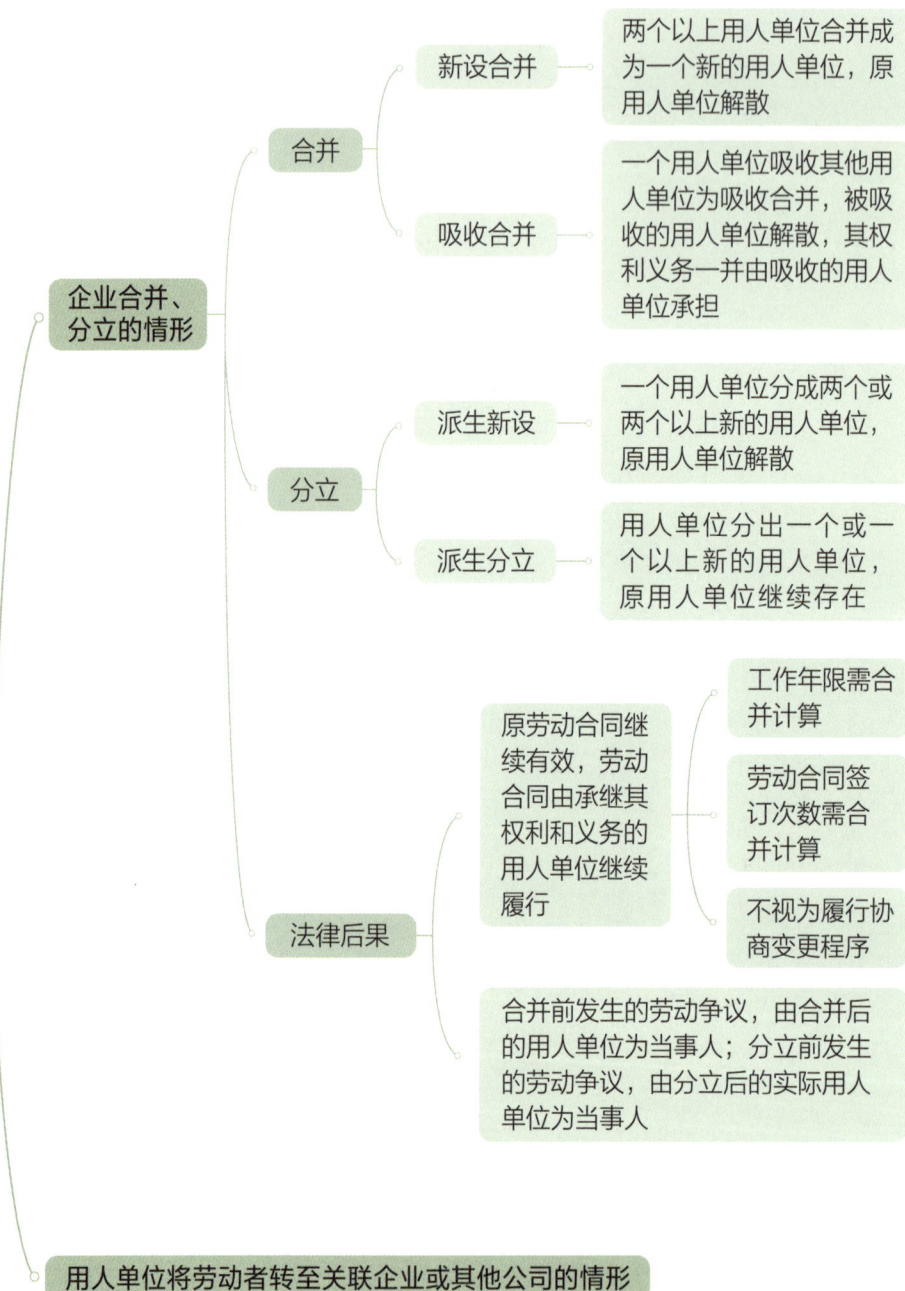

主题 THEME　　　　　　　　　　　　日期 Date　　／　／

```
劳动合同变更（三）：岗变薪变
├── 依法而调：强制、单方、薪随岗变
├── 依需而调：按需调整、薪随岗变
│   ├── 女职工孕期、产期、哺乳期（"三期"）——《女职工劳动保护特别规定》第六条
│   ├── 工伤评残——《工伤保险条例》第三十六条
│   └── 涉密职工离职前脱密期——劳动部《关于企业职工流动若干问题的通知》
└── 依约而调：事前协商一致、依约变薪、实际履行原则
    └── 变更类别
        ├── 预约变更
        └── 默示变更
```

主題 THEME　　　　　　　　　　日期 Date　　／　／

> ⚠️ **请注意**
>
> 1.《女职工劳动保护特别规定》第六条：女职工在孕期不能适应原劳动的，用人单位应当根据医疗机构的证明，予以减轻劳动量或者安排其他能够适应的劳动。
>
> 2.《工伤保险条例》第三十六条：职工因工致残被鉴定为五级、六级伤残的，享受以下待遇：（二）保留与用人单位的劳动关系，由用人单位安排适当工作。难以安排工作的，由用人单位按月发给伤残津贴。
>
> 3.《劳动部关于企业职工流动若干问题的通知》：用人单位与掌握商业秘密的职工在劳动合同中约定保守商业秘密有关事项时，可以约定在劳动合同终止前或该职工提出解除劳动合同后的一定时间内（不超过六个月），调整其工作岗位，变更劳动合同中相关内容。

主题 THEME   日期 Date   /   /

劳动合同变更（四）：风险点及法律后果

- **风险点**
  - 用人单位在无正当理由的情况下单方面强制变更劳动合同
  - 劳动合同变更合法但不合理
  - 岗位调整后，大幅度降低劳动者的薪酬

- **法律后果**
  - 劳动合同变更无效，要求按照原劳动合同条件继续履行劳动合同，并补足工资差额
  - 劳动者被迫辞职要求支付解除劳动合同的经济补偿金
  - 用人单位违法解除劳动合同，劳动者要求支付违法解除劳动合同的赔偿金

主题 THEME   日期 Date   /   /

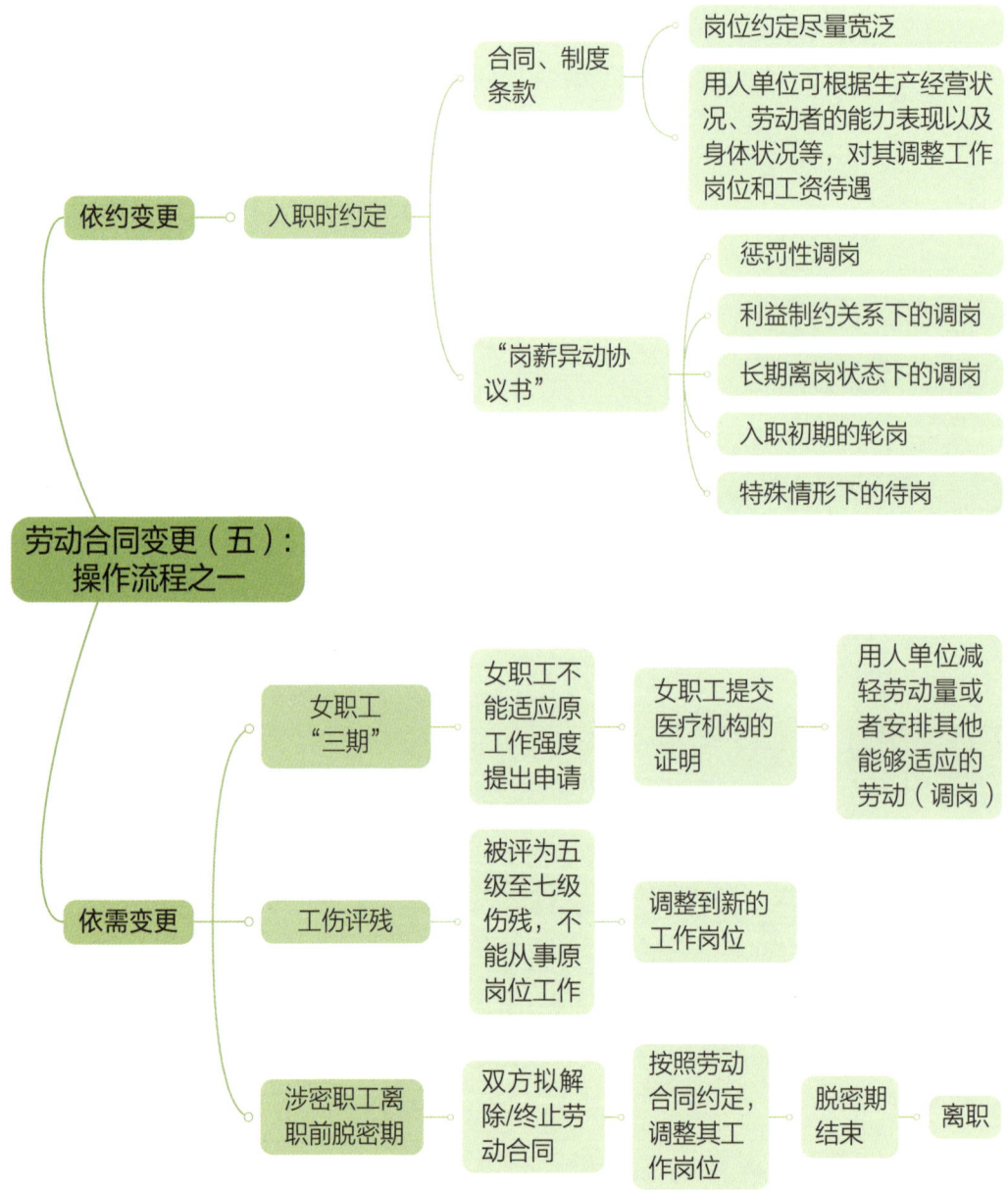

主题 THEME　　　　　　　　　　　日期 Date　　／　／

依法变更

医疗期满调岗流程
用人单位邮寄"医疗期满返岗通知书"
- 原岗复工 → 考核不合格 → 通知调岗 → 调整到新岗位
- 继续请病假 → 视为不能从事原岗位 → 调整到新的工作岗位
- 申请调岗 → 发放"调岗通知"或签署"劳动合同变更书",明确岗位职责、工资标准、考核周期、考核标准
- 直接做劳动能力鉴定 → 鉴定结果单
  - 一级至四级伤残,完全丧失劳动能力 → 病退程序
  - 调整到新的工作岗位

不胜任工作调岗流程
劳动者与用人单位签订"绩效考核责任书" → 双方确认考核结果 → 考核结果为不胜任
- 岗位技能培训
- 岗位调整并明确新岗位职责及薪酬标准

客观情况发生重大变化调岗流程
客观情况发生重大变化,导致劳动合同无法继续履行 → 协商变更(调岗、竞聘或变更工作地点)

劳动合同变更(六):操作流程之二

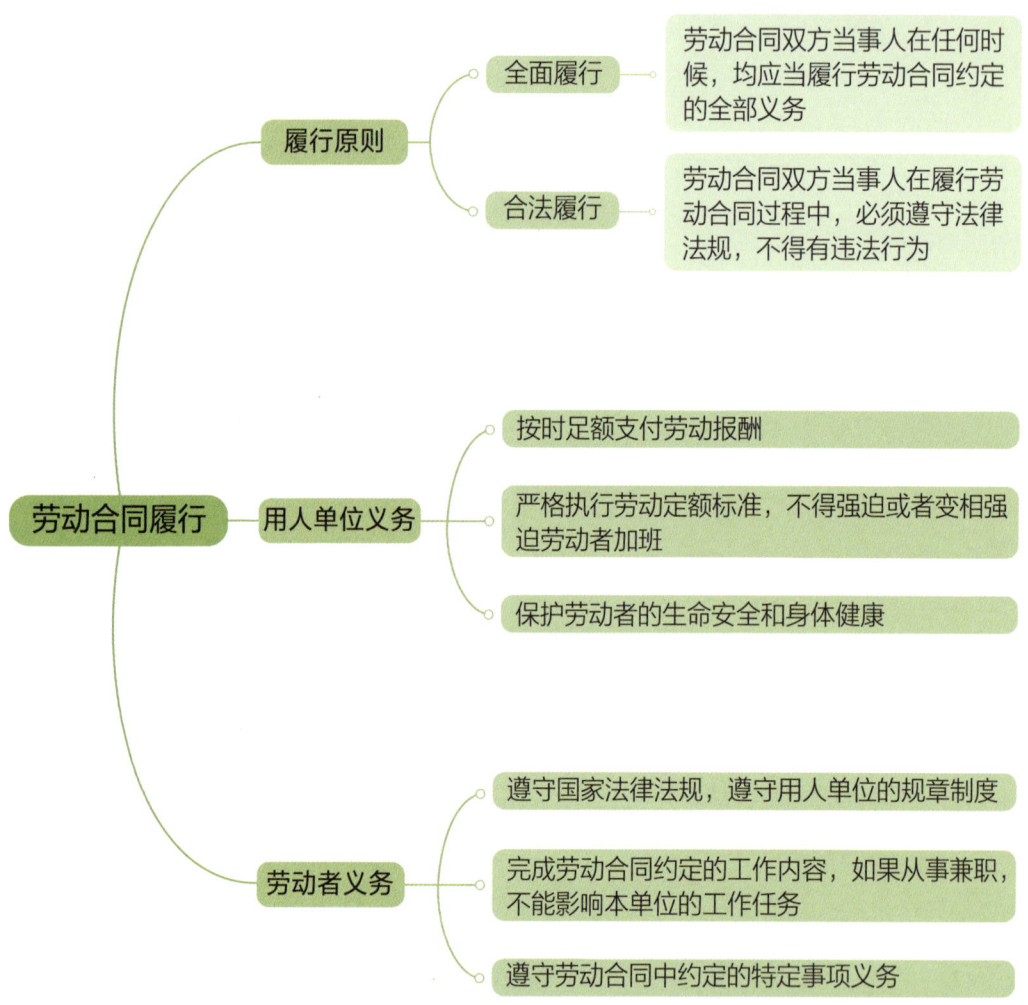

主题 THEME 日期 Date   /   /

劳动合同续签

必须续签
- 在本单位连续工作满十年
- 用人单位初次实行劳动合同制度或者国有企业改制重新订立劳动合同时,劳动者在该用人单位连续工作满十年且距法定退休年龄不足十年
- 连续订立二次固定期限劳动合同

续签流程

第一次劳动合同到期
- **用人单位有意向续签**:合同到期前30日向劳动者发出"续签劳动合同意向通知书"
  - 7日内答复是否同意续签
    - 劳动者同意续订
    - 劳动者不同意续订 → 劳动关系终止
- **用人单位不同意续签**:合同到期前30日发出"终止劳动合同通知书",办理交接手续并支付经济补偿金

第二次劳动合同到期
- **上海地区**:与第一次劳动合同到期续签流程相同
- **其他地区(除上海外)**:合同到期前30日向劳动者发出"续签劳动合同意向通知书"
  - 7日内答复是否同意续签
    - 劳动者同意续订
      - 应当签署无固定期限劳动合同
      - 协商一致可以签署固定期限劳动合同
    - 劳动者不同意续订 → 劳动关系终止

续签不得降低劳动条件

主題 THEME   日期 Date   /   /

```
                                    ┌─ 用人单位变更名称、法定代      ┌─ 相关事项依法进行变更登
                                    │  表人、主要负责人或者投资      │  记后,劳动合同继续有效
                                    │  人等事项,不影响劳动合同   ──┤
                                    │  的履行                         └─ 双方当事人继续履行,无
                                    │                                    需重签劳动合同
用人单位变更后的 ──┤
  劳动合同管理       │
                                    │                                    原劳动合同继续有效,劳
                                    └─ 用人单位发生合并或者分立 ── 动合同由承继其权利和义
                                                                          务的用人单位继续履行
```

主題 THEME　　　　　　　　　　日期 Date　　／　／

专题三 特殊情形下的劳动合同履行

- 劳动合同与专项协议的配合与衔接
- 劳动合同顺延
- 医疗期管理
- 工时与加班管理
- 待岗

星期一	星期二

叁月

星期三	星期四	星期五	星期六	星期日

劳动合同与专项协议的配合与衔接（一）：专项培训协议

- 内容
  - 专业技术培训
  - 培训费用
    - 培训费、住宿费、餐饮费、往来交通费、差旅补助等
    - 应保留好发票、合同等证明培训费用的凭证
  - 培训纪律要求
  - 知识分享/培训条件
  - 服务期条款
  - 违约情形与违约责任
    - 培训协议约定的违约金不得包括工资、社会保险费、住房公积金等项目
    - 劳动者违反服务期约定，所需要支付的违约金不得超过服务期尚未履行部分所应分摊的培训费用

- 与劳动合同的衔接
  - 培训服务期长于劳动合同约定期限如何处理
    - 服务期长于劳动合同约定期限的，劳动合同期限顺延至服务期满
    - 劳动者提前终止劳动关系，除提前30日通知用人单位外，还应当承担服务期约定的违约责任；用人单位提前终止劳动关系，除可能承担服务期约定的违约责任，还需承担违法终止劳动关系的赔偿金
    - 签署培训协议时针对服务期可以设置"在劳动合同期满后，用人单位有权放弃要求劳动者履行剩余服务期"的条款
  - 用人单位支付的培训期间的工资不属于专业技术培训费用

主题 THEME 日期 Date / /

劳动合同与专项协议的配合与衔接（二）：竞业限制协议

内容

含义
知悉本单位商业秘密或者其他对本单位经营有重大影响的劳动者，在终止或解除劳动合同后，在一定期限内不得在生产同类产品，经营同类业务或有其他竞争关系的用人单位任职，也不得自己生产和经营同类产品与业务

对象
- **高级管理人员**：公司经理、副经理、财务负责人、上市公司董事会秘书和公司章程规定的其他人员
- **高级技术人员**：高级研究开发人员、技术人员、关键岗位的技术工人等
- **其他负有保密义务的人员**：市场营销人员、财务人员、秘书

适用

- **期限**：一般不超过两年
- **范围、区域**：依照双方约定
- **竞业限制补偿金**：用人单位应当按照约定自离职后按月支付竞业限制补偿金，如未约定，劳动者履行竞业限制义务，一般按照劳动合同解除或者终止前十二个月平均工资的30%计算
- **继续履行义务**：劳动者违反竞业限制约定，向用人单位支付违约金后，劳动者仍需按照约定继续履行竞业限制义务

解除

- 用人单位超过三个月未支付竞业限制补偿金，劳动者可以申请解除竞业限制协议
- 用人单位可以提前解除竞业限制协议
- 双方可以协商一致解除竞业限制协议

与劳动合同的衔接

- **签署时间**：
  - 一般在入职时，签署完劳动合同之后再行签署，也可以与劳动合同一起签署
  - 离职前签署用人单位可能被拒绝
- **在职期间是否需要履行竞业限制义务**：劳动者需基于诚实信用原则履行忠实义务，在职期间也需要履行竞业限制义务，但约定违约金能否被支持存在争议
- **离职约定权利义务全部终止，竞业限制义务是否也同时终止**：在劳动关系结束后，竞业限制仍具有约束力。应由用人单位承担举证责任证明劳动者存在竞业的行为，若用人单位无法提供相关证据，应承担不利的后果，支付竞业限制经济补偿金

主題 THEME　　　　　　　　　　日期 Date　　／　／

劳动合同与专项协议的配合与衔接（三）：保密协议

内容

商业秘密
- 不为公众所知悉的，能为权利人带来经济利益、具有实用性质并经权利人采取保密措施的技术信息和经营管理信息
- 秘密性、价值性、保密性

形式
既可在劳动合同中约定保密条款，也可以订立专门的保密协议

条款
- 保密信息范围
- 保密主体
- 保密期限：可约定为固定期限，也可以约定为永久，即"商业秘密及知识产权相关信息的保护期限应至其流入公知领域丧失秘密性之时"
- 双方权利义务
- 违约责任与纠纷管辖机构

是否需要支付保密费
不需要约定，即使不支付保密费，签署保密协议，劳动者也需要履行保密义务

与劳动合同的衔接

不签劳动合同的情况下能否签署保密协议
可以，单独签署保密协议也是具有法律效力的。例如，退休返聘人员、兼职人员、外聘顾问等提供了劳动但非劳动关系的人员都可单独签署

签署保密协议能否视为已签订劳动合同
签署保密协议仅能够证明劳动者与用人单位之间存在事实劳动关系，不能视为双方签订了书面劳动合同

劳动者能否拒绝签署保密协议
即便用人单位与劳动者之间没有书面的保密协议，劳动者依旧要对用人单位的秘密内容承担保密义务

保密期限到期或未约定，是否还需要保守商业秘密
- 到期后：商业秘密已不符合法定构成要件，劳动者不再负有任何保密义务；商业秘密仍符合法定构成要件，劳动者仍需承担法定的保密义务及默示的保密义务
- 未约定具体保密期限，劳动者应当一直承担保密义务，直到商业秘密不符合法定构成要件为止

主题 THEME　　　　　　　　　　日期 Date　　/　/

劳动合同顺延

顺延情形

- 从事接触职业病危害作业，未进行离岗前职业健康检查
- 疑似职业病病人在诊断或者医学观察期间
- 患职业病或者因工负伤并被确认丧失或者部分丧失劳动能力
- 医疗期内或劳动能力鉴定结果出具以前
- 女职工"三期"
- 在本单位连续工作满十五年，且距离法定退休年龄不足五年
- 职工协商代表在其履行协商代表职责期间
- 工会专职主席、副主席或者委员任职期间

顺延流程

- 劳动合同到期前向劳动者发出"劳动合同顺延通知书"
  - 在顺延后的期限届满当日，向劳动者发送正式的"劳动合同期满终止通知书"，并按工作年限支付经济补偿金
- 明确顺延的法定情形、顺延的期限、公司不再续签的意向、劳动合同终止日期等具体内容

主題 THEME　　　　　　　日期 Date　　/　/

医疗期管理（一）

- 针对病假申请流程规范考勤与休假制度
  - 请假程序
    - 申请时间
    - 审批权限
    - 请假材料
  - 请假方式
  - 待遇规定
- 收集查验病假材料
  - 病假条
  - 诊断证明
  - 制度中规定的其他材料
- 核算参加工作年限和本单位的工作年限，计算医疗期
- 计算工资
  - 国家法定或地方规定的医疗期工资标准
  - 制度规定的救济费或其他医疗期待遇

医疗期管理（二）

- 考核：医疗期满后进行考核，对考核不合格者通知调岗
- 调岗
  - 劳动者不能从事原工作
  - 发放调岗通知
  - 明确岗位职责、工资标准、考核周期、考核标准等
- 通知劳动者劳动能力鉴定
  - 劳动者不能从事原工作，也不能从事用人单位安排的新工作
  - 鉴定结论为一级至四级伤残，办理退职手续
  - 鉴定结论为不能从事相关工作，可启动单方解除劳动合同手续
  - 拒绝接受劳动能力鉴定，可启动单方解除劳动合同手续
- 作出解除劳动合同决定
  - 通知工会
  - 制作解除劳动合同通知书
  - 计算经济补偿金，并根据病情与劳动能力鉴定结论评估医疗补助金
  - 清算未结算的工资、加班费、休假等

医疗期管理（三）

- 书面通知员工
  - 提前30日书面通知劳动者
  - 未提前30日书面通知劳动者，可支付1个月工资后即时解除
- 办理离职手续
  - 交接工作
  - 支付经济补偿金、代通知金、医疗补助金等
  - 开具离职证明
  - 结算报销等

主題 THEME 　　　　　　　日期 Date 　　／　／

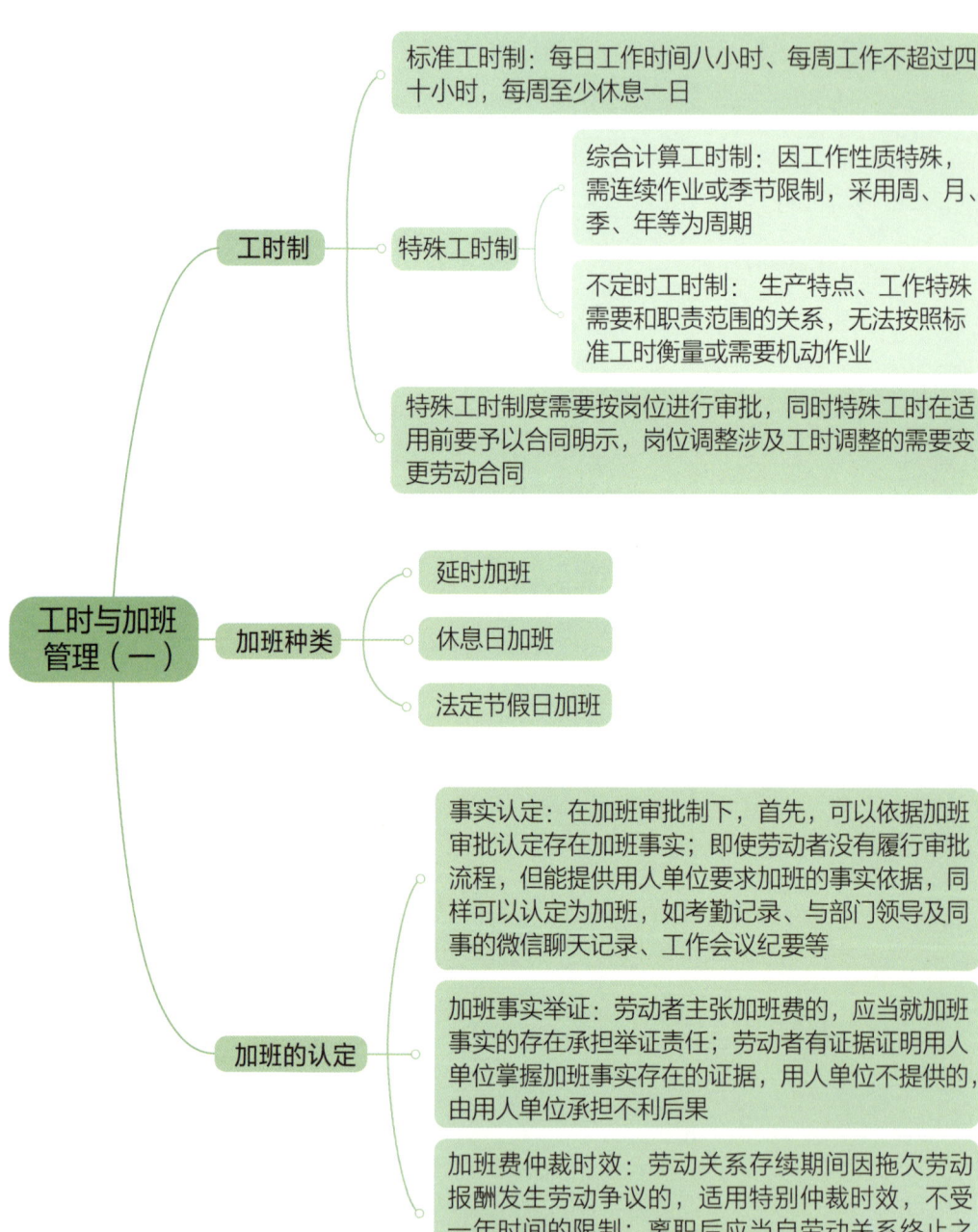

主題 THEME　　　　　　　　　　日期 Date 　　/　　/

工时与加班管理（二）

加班费计算

标准工时制加班费计算

- **工作日延时加班**
  - 按照不低于小时工资的150%支付加班费
  - 工作日延时加班费=加班费基数×（工作日实际工作时间－正常工作时间）×150%

- **休息日加班**
  - 调休或支付不低于日工资或小时工资基数200%的加班费
  - 休息日加班费=加班费基数×休息日工作时间×200%

- **法定节假日加班**
  - 支付不低于日工资或小时工资基数300%的加班费
  - 法定节假日加班费=加班费基数×法定节假日工作时间×300%

- **加班限制**
  - 每周应保证劳动者至少休息一日（二十四小时不间断休息）
  - 一般每天延长工作时间不得超过一小时
  - 因特殊原因需要加班的，在保障劳动者身体健康的条件下，每天不得超过三小时，但每月累计不得超过三十六小时

综合计算工时制加班费计算

- **延时加班**
  - 在综合计算工时周期内，总实际工作时间未超过法定标准工作时间不支付加班费
  - 超过总法定标准工作时间的，视为延时加班，应支付不低于工资150%的加班费，不存在休息日加班情形

- **法定节假日加班**
  - 法定节假日加班应当支付不低于工资300%的加班费

- **加班限制**
  - 每月平均加班时间不得超过三十六小时

不定时工时制加班费计算

不定时工时制的劳动者，不存在加班工资的问题。但目前在上海、深圳的工资支付条例中规定了在法定节假日加班，不定时工时制的职工也享有300%的加班工资

计件工资加班费计算

- 每日工作时间不超过八小时、每周工作时间不超过四十小时
- 完成计件定额任务后，由用人单位安排在日法定工作时间以外、休息日和法定休假节日工作的，应分别按照不低于其本人法定工作时间计件单价的150%、200%、300%支付工资
- 应得工资不低于当地的最低工资标准

主題 THEME　　　日期 Date　　/　/

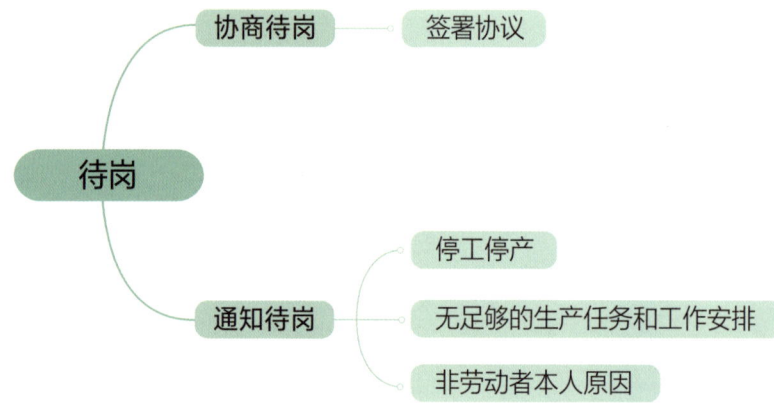

主題 THEME　　　　　日期 Date　　/　/

专题四 人才培养与保护合规

- 专业技术培训
- 培训与服务期
- 特殊待遇

星期一	星期二

肆月

| 星期三 | 星期四 | 星期五 | 星期六 | 星期日 |

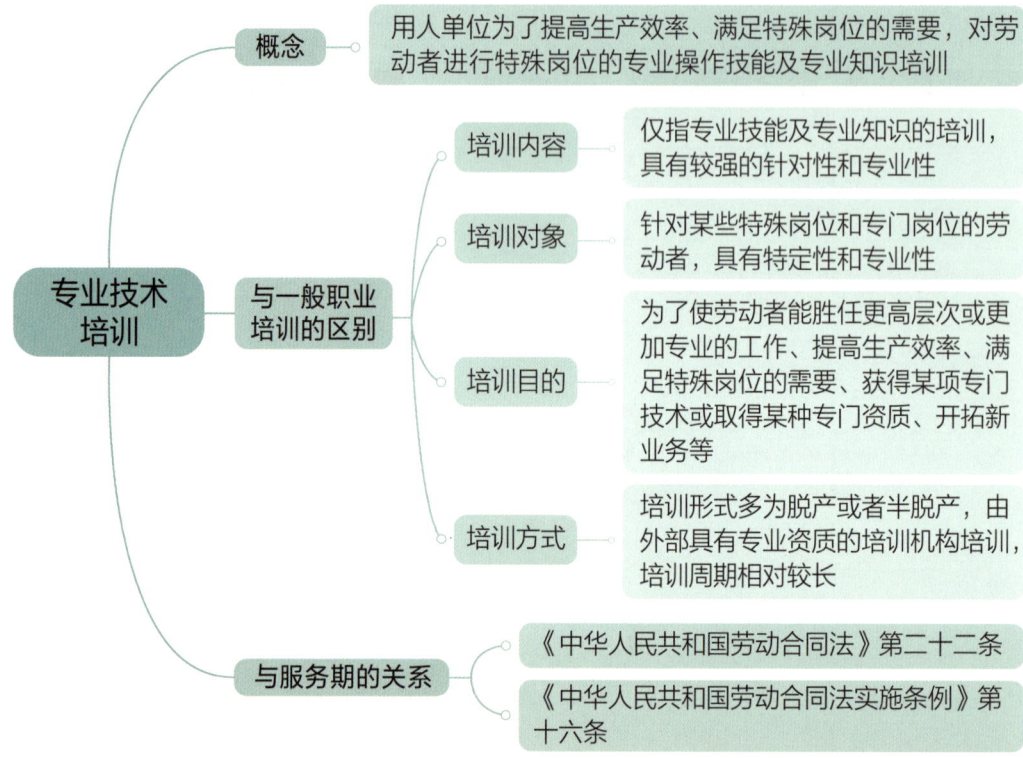

> ⚠️ **请注意**

1.《中华人民共和国劳动合同法》第二十二条规定，用人单位为劳动者提供专项培训费用，对其进行专业技术培训的，可以与该劳动者订立协议，约定服务期。

劳动者违反服务期约定的，应当按照约定向用人单位支付违约金，违约金的数额不得超过用人单位提供的培训费用。用人单位要求劳动者支付的违约金不得超过服务期尚未履行部分所应分摊的培训费用。

用人单位与劳动者约定服务期的，不影响按照正常的工资调整机制提高劳动者在服务期期间的劳动报酬。

2.《中华人民共和国劳动合同法实施条例》第十六条规定，劳动合同法第二十二条第二款规定的培训费用，包括用人单位为了对劳动者进行专业技术培训而支付的有凭证的培训费用、培训期间的差旅费用以及因培训产生的用于该劳动者的其他直接费用。

3. 实务中大量争议是劳动者不认可培训费用金额及违约金额，因此有必要在协议尾部专门由劳动者确认。

培训与服务期

- **培训与服务期协议**
  - 用人单位为劳动者提供专项培训费用，对其进行专业技术培训的，可以订立协议约定服务期
  - 常规职业培训不可设定服务期，如入职、上岗、转岗、晋升、转业等培训

- **服务期**
  - 劳动合同期满但服务期未满的处理
    - 提前有约定的，从其约定
    - 无提前约定的，服务期尚未到期的，劳动合同应当续延至服务期满

- **违约赔偿**
  - 劳动合同的解除与违约认定
    - 劳动者依照《中华人民共和国劳动合同法》第三十八条规定被迫解除合同的，不属于违约，不支付违约金
    - 因劳动者过错，用人单位依据《中华人民共和国劳动合同法》第三十九条规定提前单方解除的，劳动者应当支付违约金
    - 劳动者个人原因解除劳动合同的，应当支付违约金
  - 违约金支付规则
    - 违约金=（培训费总额÷约定的服务年限）×未履行的服务年限

主题 THEME 日期 Date / /

特殊待遇

内容

- **特殊物质待遇**：常见的有提供住房或住房补贴、提供汽车或者高额的购车补贴、提供借款等
- **特殊服务待遇**：安排落户、解决配偶就业问题、解决子女入学等服务性质的特殊待遇

服务期协议

协议效力

大部分地区认为有效

用人单位系基于劳动者的工作期限给予劳动者特殊待遇的，由于劳动者未完全履行合同，用人单位可以就劳动者未履行合同对应部分拒绝给付特殊待遇，对已经预先给付的，可以按照相应比例要求返还

违约金条款效力

北京：用人单位以双方约定为依据要求劳动者支付违约金的，不应予以支持。确因劳动者违反了诚实信用原则，给用人单位造成损失的，劳动者应当予以赔偿

上海：多数认为违约金条款有效，支持违约金诉求

典型：落户争议

"北上广深"户口：基于XX市户口指标数量的稀缺性，劳动者违反服务期限辞职，势必会对用人单位人才队伍稳定性造成负面影响，甚至可能对用人单位后续引进人才落户造成不利影响。此外，用人单位另行招录接替岗位的劳动者、培训其技能，还会投入时间、人力、资金。法院会支持这部分损失赔偿

专题五 绩效评价管理合规

- 绩效考核合规
- 考核成果的应用合规

星期一　　星期二

伍月

星期三	星期四	星期五	星期六	星期日

绩效考核合规（一）

- **绩效考核制度**
  - **制度内容**
    - 考核周期：单周、双周、月度、季度、年度
    - 考核类别：试用期考核、月绩效考核、年终考核
    - 适用对象：根据岗位级别和类型、工作内容等确认
    - 可参照适用：本单位派遣员工、其他分（子）公司
    - 考核主体
      - 内部流动人员考核权
      - 部门职责
    - 考核指标：指标类别、权重、特殊影响因素
    - 考核流程：执行主体、步骤
    - 考核纪律：防范和惩治弄虚作假、轮转等行为
    - 考核结果：考核得分与等级对应，等级与系数对应
    - 结果应用：改进计划、培训计划依据，绩效工资确认，年度评优、岗位调整、劳动关系存续
    - 考核反馈与申诉
  - **生效程序**：须履行民主与公示程序（国有企业须满足职工代表大会通过要求）
  - **制度配套文本**
    - 薪酬管理制度
    - 奖惩制度
    - 指标确认书
    - 工作计划
    - 岗位职责说明书

- **指标与标准确认**
  - 考核指标
    - 业绩（KPI）
    - 岗位职责
    - 工作成果
    - 团队协作
    - 劳动纪律遵守
    - 员工自评
  - 考核维度
    - 及时性
    - 完成度
    - 准确性
  - 考核权重：指标维度，自评、上级评价、同事评价、供应商评价等
  - 考核标准：客观、量化、递进

主题 THEME　　　　　　日期 Date　　/　/

> ⚠️ **请注意**
>
> 1. 关于考核期内在用人单位进行部门调整的劳动者，流动节点最好选择在某考核周期刚结束，劳动者进入新部门即可直接开启下一次考核。如果流动行为处于考核期间，需注意流动前后的工作表现、以往考核结果、当前考核周期指标确认文件（以书面文件形式），以确保整个考核期的连贯性。
>
> （1）根据劳动者在前后部门的时长确认考核主体。
>
> （2）由原部门考核的，新部门有义务应原部门要求就该劳动者调转后的工作表现、业绩行为予以评价，以协助原部门对其进行考核；由新部门考核的，新部门需确保劳动者适用本部门考核指标的开始节点、考核周期，如确认是否有必要重新签署考核确认书。
>
> 2. 评价标准根据考核内容确定，应当全面且足够量化，具有客观性、层次性，标准之间具备递进关系，具备可执行性且能够被非专业人士通俗理解。
>
> 3. 考核内容与评价标准应当符合考核指标要求，且实质上应当适用岗位职责以及被考核岗位普通劳动者能力范围，不建议设计明显无法完成的任务指标。具体参考标准：同岗位 70% 以上的人可以完成。
>
> 4. 应当考虑被考核劳动者在考核期内是否存在直接影响考核等级的行为（主要指是否存在严重违纪行为，应当有书面留痕）后，确认最终考核等级。例如，劳动者拒绝服从工作安排等。

主題 THEME　　　　　日期 Date　　／　／

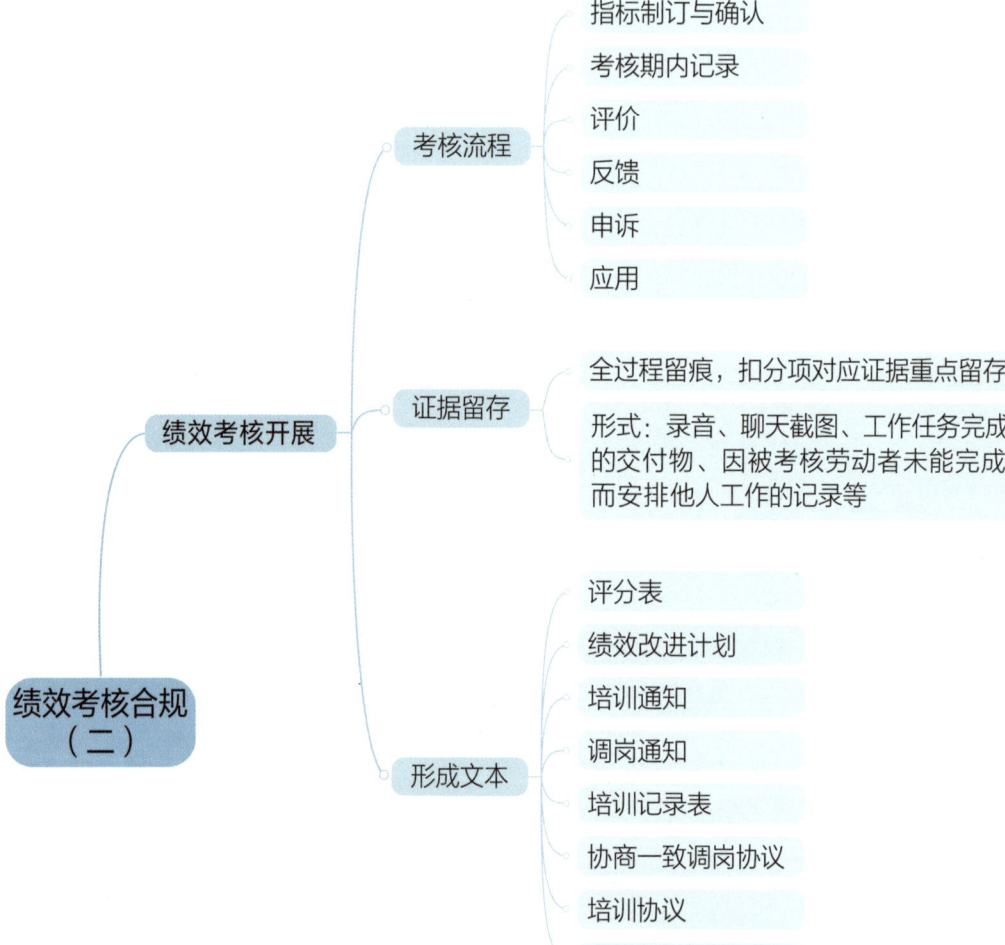

主题 THEME 日期 Date / /

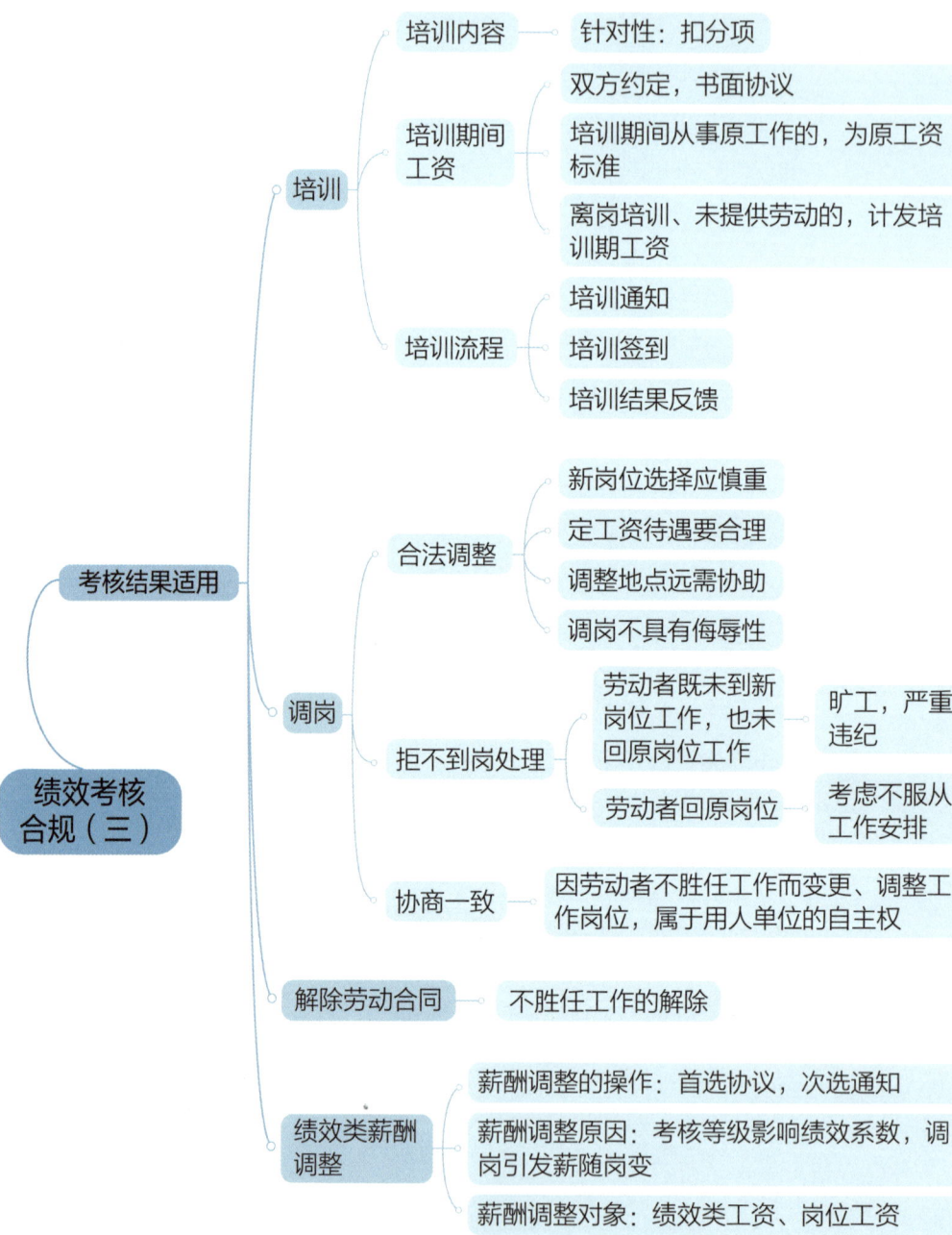

主题 THEME   日期 Date   /   /

⚠️ **请注意**

  1. 绩效考核结果应当送达劳动者本人，否则，在劳动争议中将被认为绩效考核程序不完备，绩效考核结果无效。

  2. 培训方式应当具有规范性。培训不建议安排劳动者自行看书、看课件，可以采取的培训方式包括：在用人单位的培训系统中安排课程，或安排劳动者的上级、工作业绩较好的同事或专业人士对劳动者进行线下或线上授课；统一安排劳动者收看相关视频或教程等。

  3. 调岗应当考虑工作地点是否发生变化，若发生变化的，可以通过对比调岗前后与劳动者经常居住地的距离差异，判断是否给劳动者增加了劳动成本，若增加了劳动成本的，可考虑从提供交通补助、提供住宿等方面进行补偿。

  4.《中华人民共和国劳动合同法》规定，劳动者不能胜任工作，经过培训或者调整工作岗位，仍不能胜任工作的，用人单位提前三十日以书面形式通知劳动者本人或者额外支付劳动者一个月工资后，才可以解除劳动合同。意味着单次考核不合格并不当然适用以不胜任工作为由行使用人单位单方解除劳动合同权。

考核成果的应用合规

- **执行要点**
  - 按照既定的绩效考核制度进行考核
  - 确保绩效考核中的客观性
  - 保留绩效考核的证据材料
  - 确保绩效考核中劳动者的知情权

- **薪酬调整**
  - 考核成果的应用与薪酬制度中的规定一致
  - 薪酬制度经过民主程序与公示程序
  - 劳动者签署考核结果确认书

- **因不胜任工作解除劳动合同**
  - 实体性要件
    - 首次考核不胜任
      - 培训
        - 针对不胜任的工作内容开展针对性培训
        - 约定培训形式与培训期待遇
      - 调岗
        - 新岗位的工作难度较原岗位难度略下降
        - 调岗具有合理性、无侮辱性和处罚性
    - 二次考核
      - 培训后的二次考核：结合岗位内容、培训内容
      - 调岗后的二次考核：针对新岗位工作内容
    - 二次考核不胜任 — 单方解除
  - 程序性要件
    - 告知工会
    - 提前三十日书面通知劳动者或额外支付一个月工资
  - 支付经济补偿金
  - 常见风险点
    - 考核制度或考核依据对于不胜任工作定性不明
    - 没有按照考核制度进行考核
    - 首次考核后未进行培训、调岗或不合规
    - 实行末位淘汰制度
    - 未履行解除劳动合同的法定程序

主題 THEME 　　　　　　　　　　日期 Date 　　／　　／

专题六 企业文化与制度合规

- 用人单位规章制度体系
- 规章制度设计与应用
- 民主公示程序
- 假勤制度设计
- 奖惩制度设计
- 薪酬与考核制度设计
- 环境、社会和公司治理（ESG）
- 职场性骚扰

星期一	星期二

陆月

星期三	星期四	星期五	星期六	星期日

用人单位规章制度体系

- **法典式制度**
  - 员工手册
    - 综合式
      - 涵盖劳动报酬、工作时间、休息休假、劳动安全卫生、社会保险和福利、职工培训、劳动纪律等
      - 适用对象：小微企业
    - 大纲式
      - 高度总结各类细节性制度
      - 适用对象：大中型企业

- **细节性制度**
  - 招聘用工制度
    - 招聘制度：招聘原则、渠道、流程、甄选、淘汰方式
    - 劳动合同管理制度：签订时间、流程、对象，合同保管、续签、解除与终止
  - 劳动者行为规范
    - 劳动纪律与处分制度：违纪事项、违纪情形与违纪程度、过错认定、严重违纪认定、处分形式、处分流程
    - 工作规范与考勤制度：工作流程、工作时间、加班认定、工资计发、旷工认定、违纪处理
    - 职业安全管理制度：责任权限、操作规范、过错认定
    - 工伤处理制度：工伤预防、事故处理、工伤认定、停工留薪期管理、工伤赔付
  - 假勤制度
    - 休假制度：假期类型、休假流程和审批
    - 考勤制度：工作时间、加班认定、考勤方式、休假流程、调休与加班费管理
  - 福利制度
    - 薪酬制度：考核成果运用、薪酬结构、薪酬变更、薪酬决定权
    - 奖励制度：奖励范围、奖励金额
  - 培训与保密制度
    - 培训制度：服务期约定、违约金范围、违纪处理
    - 竞业限制与商业秘密保护制度：竞业限制人员、保密范围、违约责任、违纪处理、脱密处理

- **边界性制度**
  - 外部供应商管理规范

- **合法性流程**
  - 民主程序
  - 公示程序

- **匹配文本**
  - 入职：录用通知书、员工信息登记表、劳动合同、劳动合同签收单、试用期考核表、员工手册/规章制度签收确认书、培训协议
  - 在职：劳动合同变更书、工资变动审批表、加班申请表、请假单、劳动合同续订书、违纪通知单
  - 离职：辞职信、解除劳动合同通知、解约协议、劳动合同终止通知、离职证明、竞业限制义务通知、竞业限制解除通知

主题 THEME　　　　　　　　　　日期 Date　　／　／

规章制度设计与应用

- **形成制度初稿**
  - 背景调查、明确制度类型与制定目标
  - 调研整理管理层与专家意见，形成大纲
  - 起草制度初稿
    - 内容具有针对性
    - 格式规范、语言严谨
    - 各制度之间协同无冲突

- **民主程序**
  - 召开职工代表大会或全体职工大会
    - 讨论制度初稿
    - 发放意见征询函
    - 形成讨论会议纪要
    - 形成意见稿
    - （可采取线上形式并留存相关电子记录）
  - 整理汇总意见
    - 仅参考意见、无需修改
    - 形成修改稿
  - 定稿
    - 召开工会会员大会或职工代表大会
      - 再次讨论
      - 形成协商确定会议纪要
      - 形成制度定稿
  - 定稿制度报公司管理层审批
    - 审批通过则进入公示程序
    - 审批不通过则修改后再次进入民主程序

- **公示程序**
  - 公示方式
    - 组织培训
    - 纸质签收
    - 电子送达
  - 形成文本
    - 阅读或培训记录
    - 纸质规章制度签收单

- **实施与跟踪**
  - 实施的要求
    - 正确性：事实认定清晰、证据确凿、依据制度准确
    - 合理性：奖惩适宜、宽严一致
    - 及时性：不得超过合理期限
  - 解释方式
    - 书面解释：书面形式，飞书/微信/OA通知、电子邮件等
    - 口头解释：就劳动者提出的问题及时予以面对面、一对一的口头说明
    - 会议、培训解释：组织召开会议或培训，聚集化地讨论、交流、宣传贯彻
  - 监督检查
    - 确定监督检查的目的
    - 数据收集分析
    - 及时反馈管理层
    - 明确制度修订的必要性

主題 THEME　　　　　　　　　　日期 Date　　　／　　／

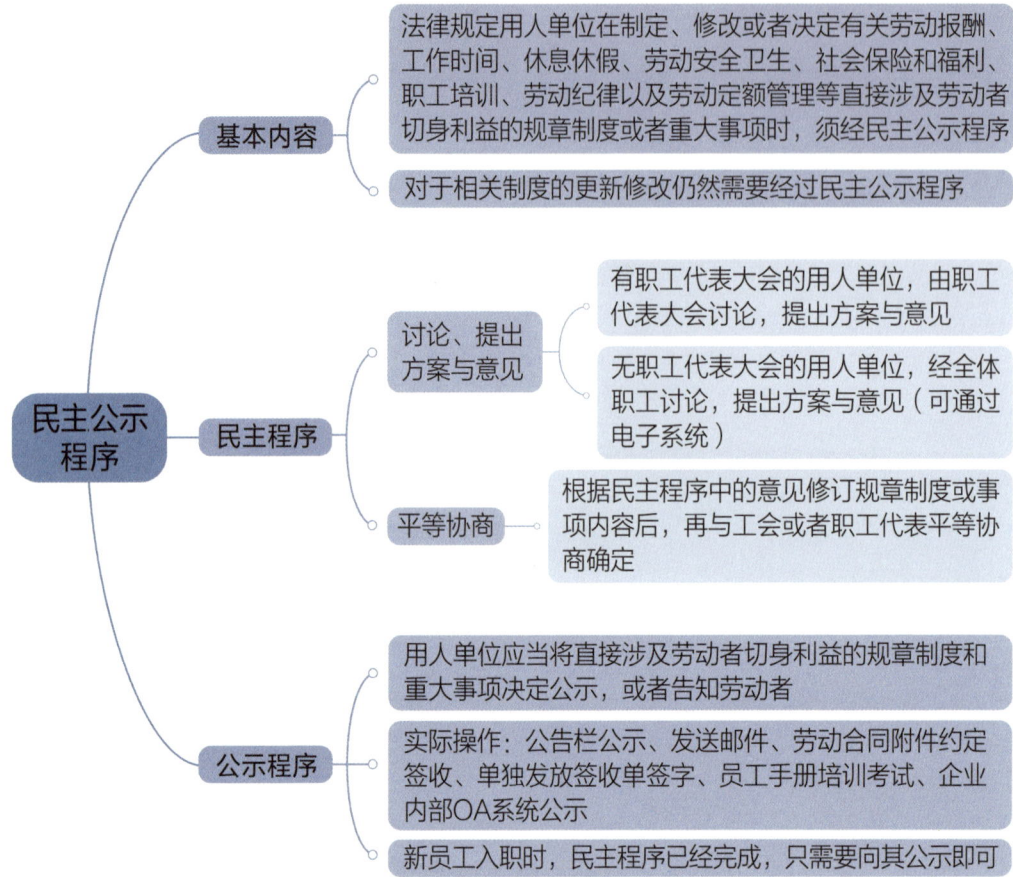

> [!WARNING] 请注意
>
> 1. 上述程序，有职工代表大会的用人单位与无职工代表大会且职工人数较少的用人单位，适合用线下开会的方式履行民主程序；无职工代表大会且职工人数较多的用人单位，建议通过线上OA系统、电子邮件等方式进行。不论通过哪种方式进行，均应注意材料留痕。民主程序中需要关注签到表、会议记录、征求意见通知（表）、反馈意见等材料。因电子证据容易被篡改，也不易长期保存，通过电子系统进行操作的，完整过程建议通过公证留存证据。
>
> 2. 职工代表或工会就规章制度草案提出不同意见，又不能与用人单位协商一致的，最终内容如何确定？从司法实践来看，"协商"这步只要求用人单位与工会或职工代表协商确定，即使无法与职工达成协商一致，最终决定权依然在用人单位。前述职工的意见采纳与否决定权也在用人单位。

主题 THEME　　　　　　　　　　日期 Date　　/　　/

假勤制度设计

- **考勤管理**
  - 工时制度
    - 标准工时制
      - 相对固定的上下班时间
      - 考勤方式：电子打卡、纸质打卡、设备打卡
    - 综合计算工时制
      - 连续作业或季节限制，采用周、月、季、年等为周期
      - 考勤方式：电子打卡、纸质打卡、设备打卡
    - 不定时工时制
      - 机动作业
  - 设计要点
    - 考勤
      - 迟到与旷工的认定
      - 迟到与旷工的违纪处罚
    - 加班设计与管理
      - 加班限度
      - 加班认定
        - 劳动者填写加班审批表
        - 用人单位要求加班

- **休假管理**
  - 假期类别
    - 事假：因私假期，用人单位可以决定是否批准
    - 调休假：劳动者休息日加班的，由劳动者申请或者用人单位安排调休
    - 病假：劳动者确有证明的，用人单位应当批准，按照地方规定发放病假工资
    - 年休假
      - 用人单位可做统一安排
      - 劳动者申请，用人单位有权结合实际经营情况批准
    - 产假：产期前后的休假待遇，不少于98天
    - 婚丧假
      - 劳动者本人结婚
      - 劳动者的直系亲属死亡
    - 育儿假：子女不满三周岁期间每年给予夫妻双方一定时长的假期
  - 设计要点
    - 请假流程
      - 劳动者提交请假申请、时长与相关证明
      - 用人单位审查真实性与合理性
      - 层级审批
    - 休假方式
      - 分次休假或集中休假
      - 休假时效
      - 休假期间待遇

主题 THEME　　　　　日期 Date　　/　/

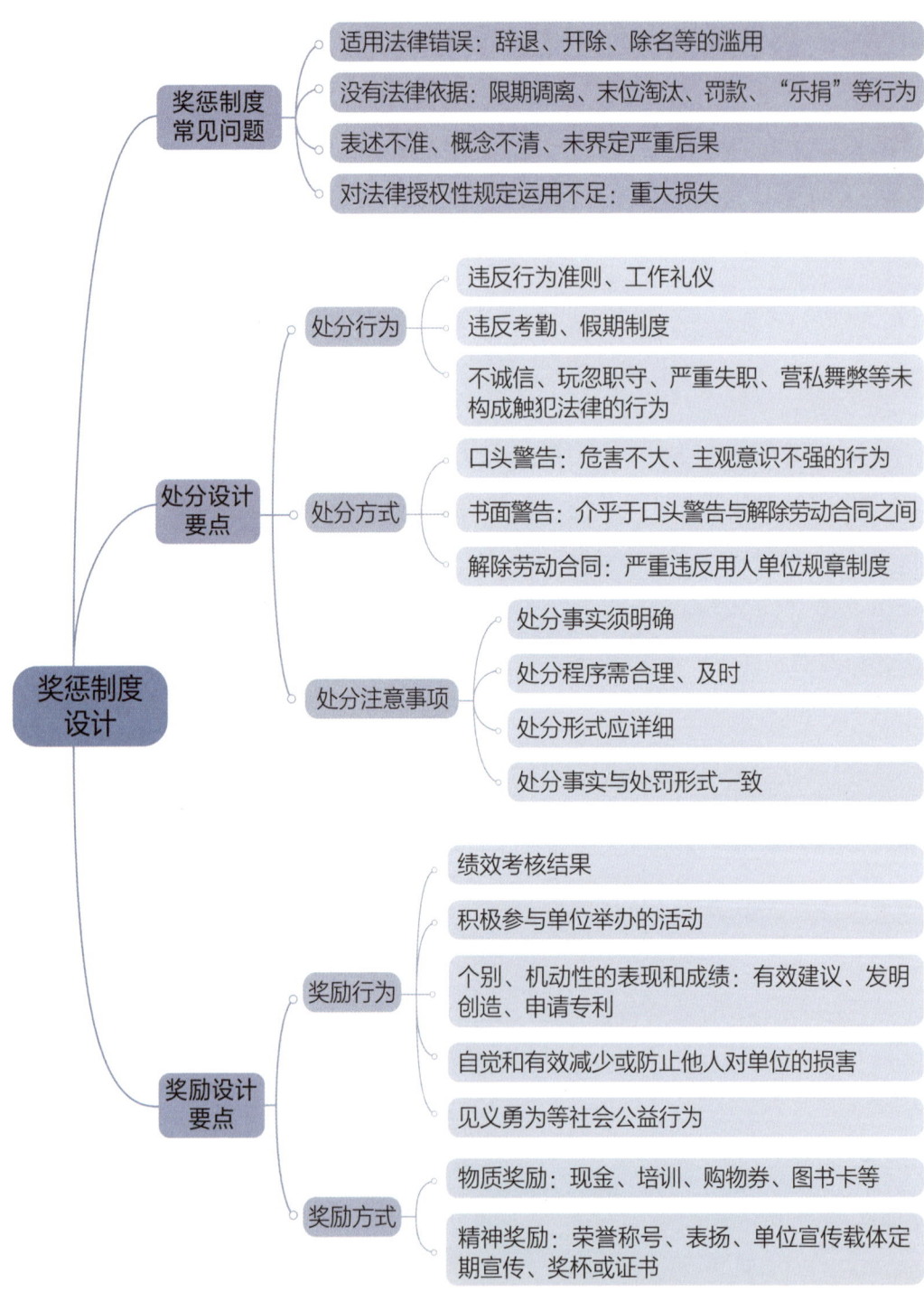

主題 THEME　　　　　　　　　日期 Date　　/　　/

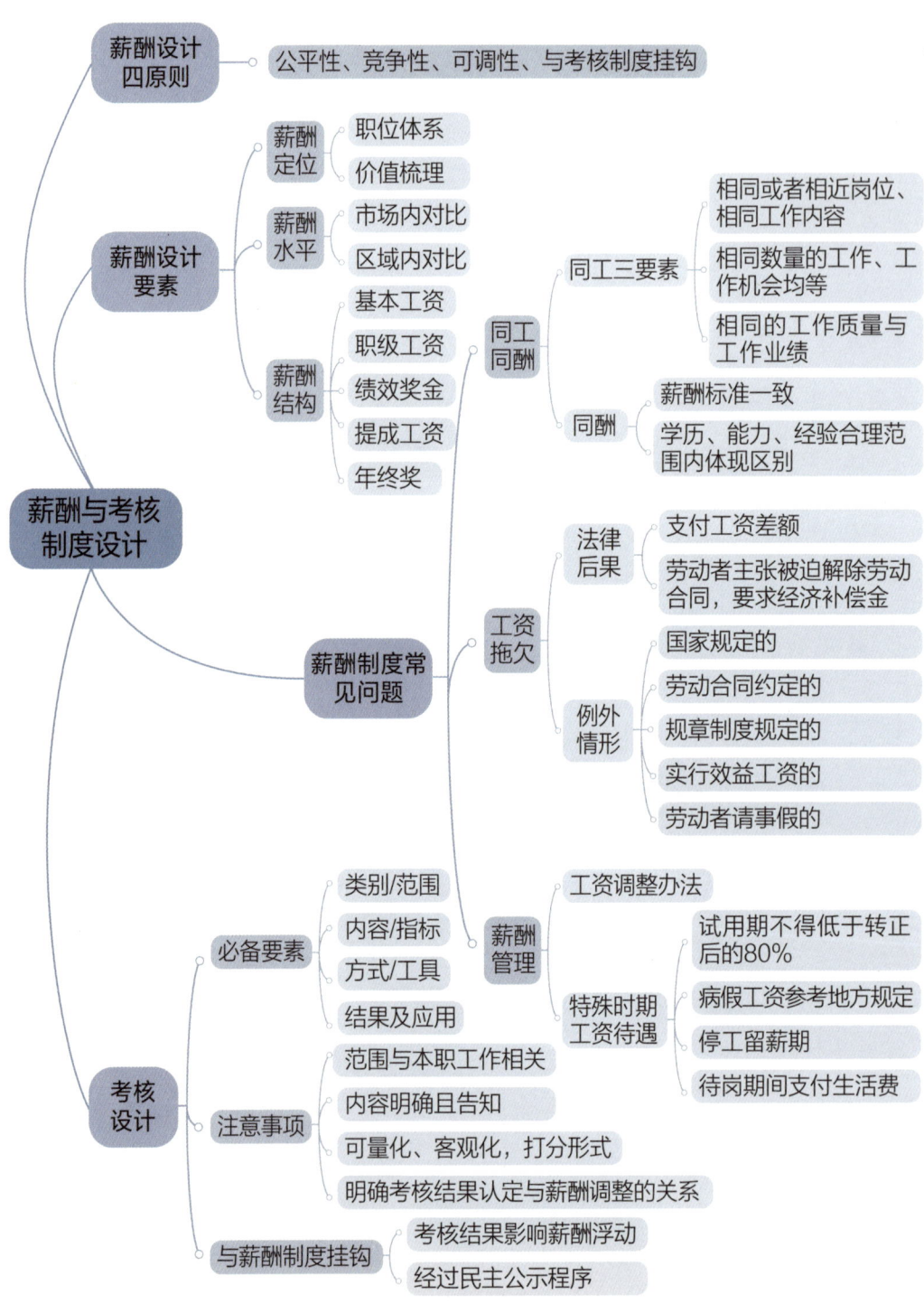

主題 THEME   日期 Date   /   /

环境、社会和公司治理（ESG）

- **内涵与地位**
  - 环境、社会和公司治理（Environmental, Social & Governance, ESG）是由一系列关注企业可持续发展的指标构成的投资理念和评价标准
  - 政府、证券交易机构、投资者及其他相关方关注企业社会责任履行、评价企业可持续发展态势、进行投资决策的重要参考

- **标准**
  - 相关国际组织、发达国家政府部门以及全球各大证券交易机构纷纷制定ESG指引和信息披露框架
  - 《北京证券交易所上市公司持续监管指引第11号——可持续发展报告（试行）》《深圳证券交易所上市公司自律监管指引第17号——可持续发展报告（试行）》以及《上海证券交易所上市公司自律监管指引第14号——可持续发展报告（试行）》

- **"S"**
  - **企业社会责任**：涵盖人权保护、劳动保护、性别平等、薪酬福利、工作场所多样性、供应链管理、产品责任和消费者权益保护等多个方面
  - **劳动议题**
    - 雇佣、劳动关系
    - 职业健康与安全
    - 培训与教育
    - 多元化与平等机会、反歧视
    - 结社自由与集体谈判
    - 童工
    - 强迫或强制劳动
    - 供应商社会责任评估

- **中国实践**
  - 国际供应链上的企业需要接受社会责任劳动议题审查，若合作伙伴在审查中发现问题，不排除被实施制裁的可能

主題 THEME　　　　　　　　　日期 Date　　／　／

职场性骚扰

- **法律规范**
  - 《中华人民共和国民法典》第一千零一十条
  - 法律对职场性骚扰的特别规定
    - 用人单位责任：机关、企业、学校等单位应当采取合理的预防、受理投诉、调查处置等措施，防止和制止利用职权、从属关系等实施性骚扰

- **用人单位涉诉**
  - 受害人因用人单位怠于履行防治性骚扰义务提起的侵权责任纠纷
    - 法律规定了用人单位的预防与制止义务，若在受害人投诉举报下单位怠于处理的，有承担责任的风险
    - 《深圳市防治性骚扰行为指南》要求，建立防治机制，有效采取措施防治性骚扰
  - 用人单位因性骚扰行为解除侵权人劳动合同引发的"违法解除"劳动纠纷
    - 侵权人实施性骚扰、打击报复等行为，用人单位规章制度中有规定，以严重违纪进行单方解除的，为合法解除；若无规定，以严重违反劳动纪律和职业道德进行解除的，构成补充路径
    - 注意事项
      - 规章制度经过民主公示程序
      - 性骚扰事实有相关的原始证据
      - 内部有处置程序，最好经过投诉、调查、处理程序后解除员工
  - 用人单位因性骚扰行为解除管理人员劳动合同引发的"违法解除"劳动纠纷
    - 管理人员未采取合理措施处理相关投诉，或者存在纵容性骚扰行为、干扰对性骚扰行为调查、对投诉员工打击报复等情形的，用人单位可以管理人员未尽岗位职责，严重违反规章制度为由解除劳动合同
  - 性骚扰事件中的隐私权或名誉权民事纠纷
    - 用人单位在处理性骚扰事件中，发布关于侵权人的处理通告，在确保内容属实、发布范围合理的情况下，属于合理管理行为

主题 THEME　　　　　　　　　　　日期 Date　　/　　/

⚠️ 请注意

1. 《中华人民共和国民法典》第一千零一十条规定，违背他人意愿，以言语、文字、图像、肢体行为等方式对他人实施性骚扰的，受害人有权依法请求行为人承担民事责任。

2. 建议用人单位制定有关职场性骚扰防治的规则，有关职场性骚扰的定义、发生场景、申报流程、调查机制、处理后果等事项，应尽可能通过制定规则加以明确，并及时通过民主公示程序进行固定。基于制度，用人单位可进一步通过定期或不定期培训，确保劳动者充分知悉其权利、义务、禁止事项。一方面，明确的制度有助于用人单位为日后劳动管理夯实合法性基础；另一方面，从用人单位管理角度来看，制度化、具象化的惩处机制，有利于将职场性骚扰行为遏制在摇篮中。

3. 针对管理人员的解除纠纷处理，主要参考指导性案例，例如，上海市第一中级人民法院（2021）沪01民终2032号，郑某诉霍尼韦尔自动化控制（中国）有限公司劳动合同纠纷案。从该案来看，若要对相关管理人员进行处理，需要有合法的规章制度规定管理人员的相关职责。

主題 THEME　　　　　　　　　　日期 Date　　／　／

专题七 薪酬与收入管理合规

- 劳动报酬
- 薪酬的类型与约定
- 薪酬的调整
- 特殊情况下的工资支付
- 医疗期待遇
- 工伤保险待遇
- 工伤保险待遇界定中"新发生的费用"
- 待岗期待遇

星期一　　星期二

柒月

星期三	星期四	星期五	星期六	星期日

劳动报酬（一）：基本内容

- **应发工资**
  - 根据劳动者付出的劳动，应当得到的工资待遇
  - 包括计时工资、计件工资、奖金、津补贴，以及特殊情况下支付的工资、加班费

- **实发工资**
  - 应发工资扣除五险一金个人缴纳部分与个人所得税后的金额

- **当地最低工资**
  - 劳动者在法定工作时间内或依法签订的劳动合同约定的工作时间内提供了正常劳动的前提下，用人单位依法应当支付的最低劳动报酬
  - 不包括加班工资，劳动者在夜班、高温、低温、井下等特殊工作环境下的津贴，以及法律、法规和政策规定的劳动者福利待遇等
  - **应用场景**
    - 劳动者患病或非因工负伤期间工资或疾病救济费
    - 用人单位停工停产期间生活费计算
    - 伤残津贴的最低标准
    - 正常劳动的最低工资保障
    - 竞业限制补偿金的最低标准
    - 试用期工资的最低标准
    - 劳务派遣员工无工作期间最低工资保障
    - 劳动者造成经济损失以抵扣工资方式承担赔偿责任的限度

- **当地社会平均工资**
  - 用人单位所在直辖市、设区的市级人民政府公布本地区上年度职工月平均工资
  - **应用**
    - 计算经济补偿金封顶基数
    - 计算经济补偿金免税标准
    - 社会保险缴费基数确认
    - 部分工伤待遇标准

- **非工资性质的收入**
  - 集体性福利费（法定总额和法定科目内）；
  - 离退休人员、退职人员的劳务报酬；
  - 劳动保护支出；
  - 稿酬、讲课费；
  - 经济补偿金；
  - 医疗补助金；
  - 本单位股金分红和利息；
  - 出差伙食补助费；
  - 误餐补助；
  - 调动工作的差旅费和安家费；
  - 自带工具工作的补偿费；
  - 劳务派遣的管理费；
  - 独生子女补贴；
  - 省部级发明创造奖、科学技术进步奖

主题 THEME　　　　　　日期 Date　　／　／

劳动报酬（二）：特殊理解

- 劳动合同必备条款：《中华人民共和国劳动合同法》第十七条

- 用人单位欠付工资的劳动者可提出被迫离职并要求经济补偿金：《中华人民共和国劳动合同法》第三十八条、第四十七条

- 用人单位拖欠工资将面临责令限期支付甚至是加付赔偿的处罚：《劳动保障监察条例》第二十六条

- 拖欠劳动报酬适用在职期间无时效限制、离职后一年内无期限限制的特殊时效：《中华人民共和国劳动争议调解仲裁法》第二十七条

- 标准以下（不超过当地月最低工资标准十二个月金额）劳动报酬追索争议一裁终局：《中华人民共和国劳动争议调解仲裁法》第四十七条

- 拒不支付劳动报酬罪：《中华人民共和国刑法》第二百七十六条之一

- 用人单位拖欠工资，劳动者可申请法院支付令：《中华人民共和国劳动合同法》第三十条

- 用人单位在协议约定期限内不履行劳动报酬调解协议的，劳动者持劳动报酬调解协议书可申请法院支付令：《中华人民共和国劳动争议调解仲裁法》第十六条

- 以工资欠条为证据的单独劳动争议无需仲裁前置：《最高人民法院关于审理劳动争议案件适用法律问题的解释（一）》第十五条

⚠️ **请注意**

1. 劳动者月工资高于用人单位所在直辖市、设区的市级人民政府公布的本地区上年度职工月平均工资三倍的，向其支付经济补偿的标准按职工月平均工资三倍的数额支付，向其支付经济补偿的年限最高不超过十二年。此处的月工资是指劳动者在劳动合同解除或者终止前十二个月的平均工资。

2. 个人因与用人单位解除劳动关系而取得的一次性补偿收入，其收入在当地上年职工平均工资三倍数额以内的部分，免征个人所得税。

3. 追索劳动报酬、工伤医疗费、经济补偿或者赔偿金，不超过当地月最低工资标准十二个月金额的争议，仲裁裁决为终局裁决，裁决书自作出之日起发生法律效力。

4. 关于劳动报酬争议的特别时效，《中华人民共和国劳动争议调解仲裁法》规定，劳动关系存续期间因拖欠劳动报酬发生争议的，劳动者申请仲裁不受一年的仲裁时效期间的限制；但是，劳动关系终止的，应当自劳动关系终止之日起一年内提出。

5. 以转移财产、逃匿等方法逃避支付劳动者的劳动报酬或者有能力支付而不支付劳动者的劳动报酬，数额较大，经政府有关部门责令支付仍不支付的，构成拒不支付劳动报酬罪。

主题 THEME　　　　　　　　　　日期 Date　　／　／

薪酬的类型与约定

- **薪酬类型**
  - 固定类工资：基本工资、岗位工资、年功工资、津补贴、年底多薪制
  - 浮动类工资（收入）：绩效工资、提成工资、项目分红、年终奖、股权激励

- **薪酬约定**
  - 录用通知书：注意入职后签订的劳动合同是否与录用通知书中表述一致
  - 劳动合同
    - 明确基本工资
    - 明确浮动工资主要为绩效工资，按照公司规章制度执行
    - 当地法律规定允许或裁审口径支持前提下，明确约定加班费计算基数
    - 单方调整薪酬的情形（待岗、部门/组织架构/业务调整导致的客观情况变化，考核不胜任，患病等）
  - 规章制度
    - 薪酬管理制度
      - 岗位工资标准：定岗定薪制度下规定岗位职级职等与对应岗位工资
      - 薪酬结构与类型：链接其他规章制度
      - 年终奖：发放条件多与公司经营情况挂钩，可设置年度考核
      - 薪酬调整：可调整情形，单方、双方
      - 福利：法定福利、约定福利
      - 薪酬保密
    - 绩效管理制度：适用对象、指标、评价标准、周期、流程、评价人、结果、申诉、结果运用、改进、再次考核
    - 奖惩制度：劳动纪律、工作表现与薪酬发放的衔接
  - 约定不明及后果
    - 薪酬约定不明确
    - 薪酬约定与实际发放工资不一致
    - 薪酬低于最低工资水平
    - 法律后果
      - 薪酬约定不明确，适用集体合同规定；没有集体合同或集体合同未约定薪酬的，同工同酬
      - 薪酬约定与实际发放工资不一致，一般遵循有利于劳动者原则，就高认定

主題 THEME　　　日期 Date　　／　／

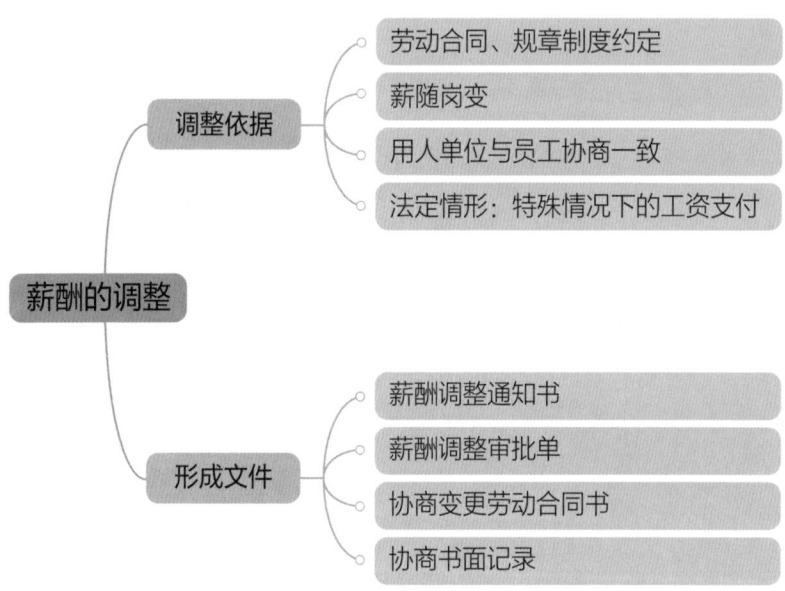

主题 THEME　　　　　日期 Date　　/　　/

特殊情况下的工资支付（一）

试用期的工资支付

- **试用期**
  - 劳动合同期限不同，试用期也不同，一般为不超过一个月、二个月、六个月
  - 以完成一定工作任务为期限的劳动合同或者劳动合同期限不满三个月的，不得约定试用期

- **支付标准**
  - 劳动合同应明确约定，否则按照正常工资标准支付
  - 不得低于本单位相同岗位最低档工资或者劳动合同约定工资的80%
  - 不得低于用人单位所在地的最低工资标准

加班的工资支付

- **支付标准**
  - 延时加班：不低于劳动合同规定的劳动者本人小时工资标准的150%支付
  - 休息日加班：不能安排补休的，按照不低于劳动合同规定的劳动者本人日或小时工资标准的200%支付
  - 法定节假日加班：按照不低于劳动合同规定的劳动者本人日或小时工资标准的300%支付劳动者工资
  - 是否可以以调休代替支付加班费：仅限于休息日加班

- **与特殊工时制结合**
  - 综合计算工时制：工作日加班和法定节假日加班，休息日上班不属于加班
  - 不定时工时制
    - 不存在工作日延时加班与休息日加班
    - 法定节假日上班是否属于加班，各地规定不同

- **加班费计算基数**
  - 基数类型
    - 以解除劳动合同前12个月平均工资计算
    - 以实际取得的月工资计算
    - 以劳动合同约定的最低工资标准计算
    - 以集体合同约定的加班工资基数计算
    - 以本人正常劳动应得工资作为加班工资基数
    - 以统筹地区上一年度行业平均工资计算
  - 合规操作
    - 劳动合同约定
    - 集体合同约定
    - 最低工资标准

- **法律后果**
  - 劳动者可以主张用人单位支付加班费，劳动者承担初步举证责任
  - 加班费在大部分地区为劳动报酬，适用劳动报酬特殊仲裁时效

主题 THEME　　　　　日期 Date　　/　/

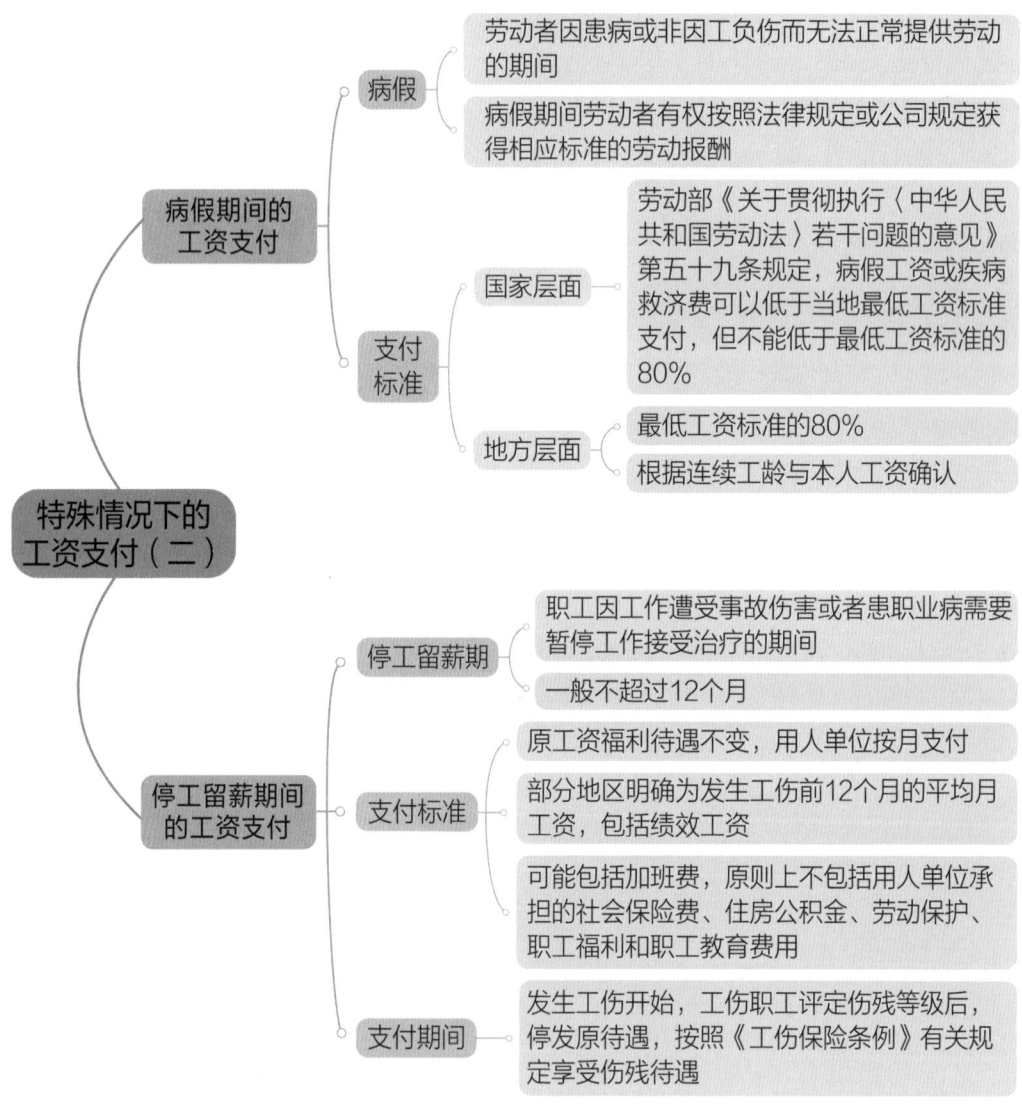

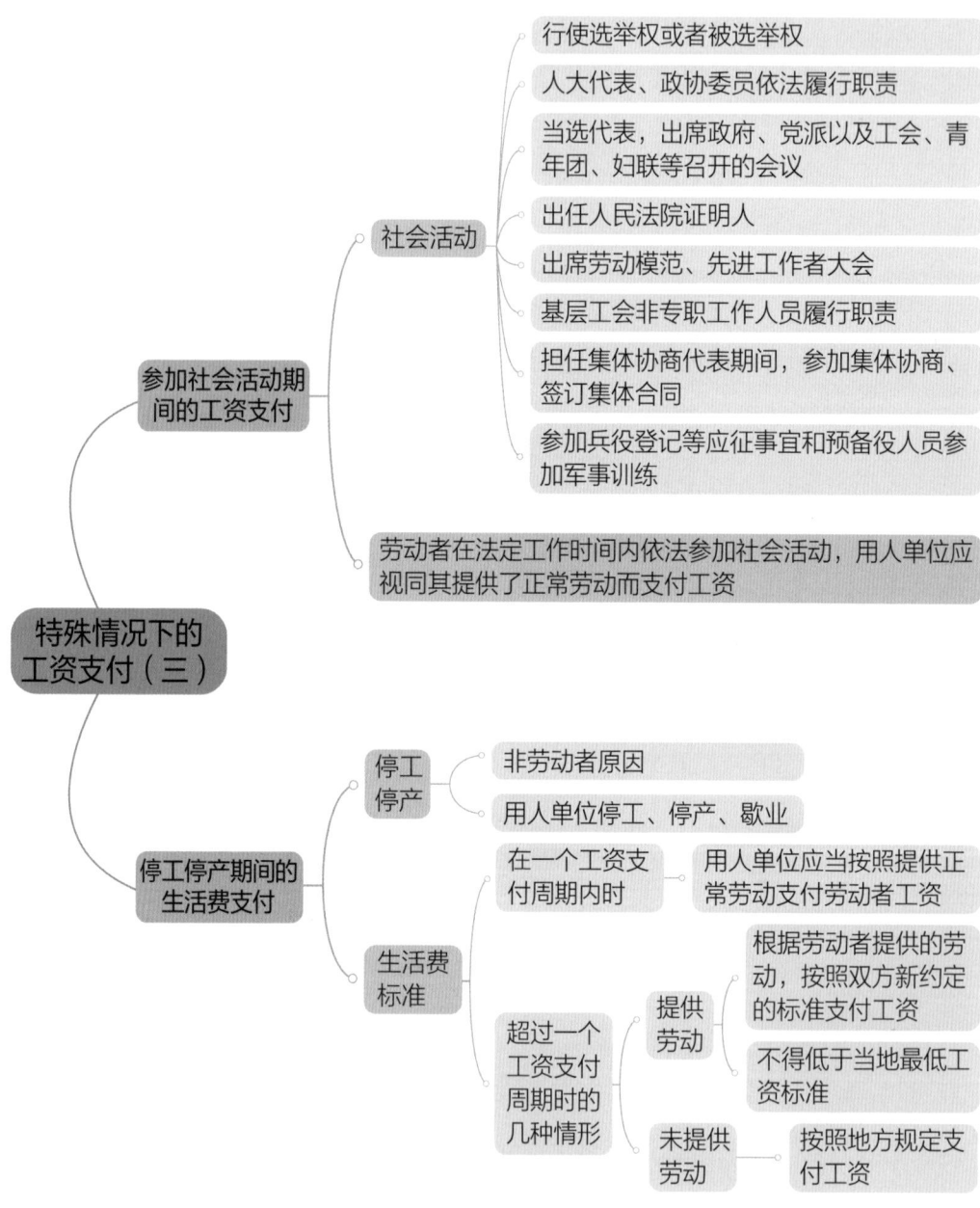

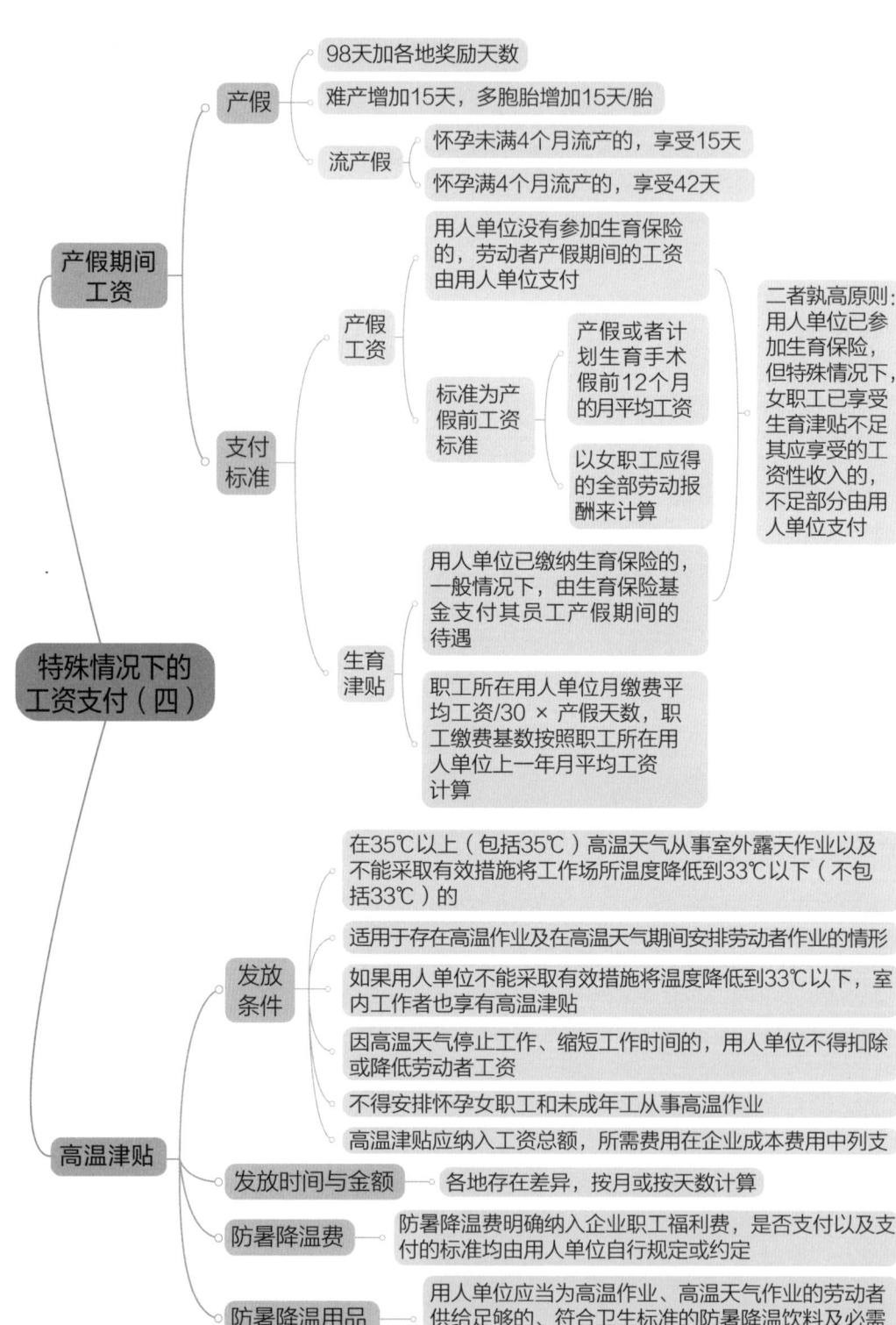

主題 THEME　　　　　　　　　日期 Date　　／　／

特殊情况下的工资支付（五）

带薪年休假

- 职工连续工作一年以上的，享受带薪年休假
- 职工累计工作已满1年不满10年的，年休假5天；已满10年不满20年的，年休假10天；已满20年的，年休假15天

不享受年休假的情况
- 依法享受寒暑假，其休假天数多于年休假天数的
- 请事假累计20天以上且单位按照规定不扣工资的
- 累计工作满1年不满10年的职工，请病假累计2个月以上的
- 累计工作满10年不满20年的职工，请病假累计3个月以上的
- 累计工作满20年以上的职工，请病假累计4个月以上的

年休假工资

- **支付前提**：经职工同意不安排年休假或者安排职工年休假天数少于应休年休假天数
- **支付标准**：
  - 日工资收入的300%支付未休年休假工资报酬
  - 包含用人单位支付职工正常工作期间的工资收入
- **计算基数**：
  - 按照职工本人的月工资除以月计薪天数（21.75天）进行折算
  - 月工资是指职工在用人单位支付其未休年休假工资报酬前12个月剔除加班工资后的月平均工资
- **无需支付**：用人单位安排职工休年休假，但是职工因本人原因且书面提出不休年休假的，用人单位可以只支付其正常工作期间的工资收入

> ⚠️ **请注意**

1. 若用人单位想要对新入职劳动者采用试用期，则试用期必须由用人单位与劳动者明确约定，通常使用劳动合同，并且应当明确试用期时长，否则会被视为不存在试用期。

2. 我国各地关于不定时工时制是否需要支付加班费的规定有所不同。例如，上海、天津、南京、厦门、深圳、湖南等地采用不定时工时制的企业，需要在法定节假日支付加班费；北京、重庆、吉林、山东、江苏、广东等地明确规定，不定时工时制人员不执行加班规定；黑龙江、河北、河南、福建、海南、广西等地没有明确规定，按《工资支付暂行规定》执行，不定时工时制、法定节假日工作，不计为加班。

3. 对于认可加班费计算基数约定效力的地区，用人单位可以通过劳动合同明确约定加班费的计算基数。同时，对于加班较为普遍的行业或者岗位，用人单位也可以选择通过集体合同约定加班费计算基数，履行集体协商程序后适用。

4. 停工留薪期的工资是否包括加班费在各地存在不同规定或裁审口径。北京、江苏、广东等大部分地方认为应当包括加班费，但浙江等地认为并不包括加班费。对停工留薪期内的工资支付具有较强的地域差异，应当结合当地规定进行判断。

5. 停工停产期间仍属于劳动关系存续期间，因此用人单位与劳动者之间权利义务关系并未发生本质变化。只是暂时没有工作任务安排，需要劳动者暂时休息等待重新上岗。

医疗期待遇

- **北京**：用人单位应当根据劳动合同或集体合同的约定支付病假工资，用人单位支付病假工资不得低于本市最低工资标准的80%

- **上海**：职工疾病或非因工负伤连续休假在6个月以内的，用人单位应按下列标准支付疾病休假工资。
  1. 连续工龄不满2年的，按本人工资的60%计发；
  2. 连续工龄满2年不满4年的，按本人工资70%计发；
  3. 连续工龄满4年不满6年的，按本人工资的80%计发；
  4. 连续工龄满6年不满8年的，按本人工资的90%计发；
  5. 连续工龄满8年及以上的，按本人工资的100%计发。

  上海：职工疾病或非因工负伤连续休假超过6个月的，由用人单位按下列标准支付疾病救济费。
  1. 连续工龄不满1年的，按本人工资的40%计发；
  2. 连续工龄满1年不满3年的，按本人工资的50%计发；
  3. 连续工龄满3年及以上的，按本人工资的60%计发

- **深圳**：在国家规定的医疗期内的，用人单位应当按照不低于本人正常工作时间工资的60%支付职工病伤假期工资，但是不得低于最低工资的80%

- **广州**：在国家规定医疗期内，用人单位应当依照劳动合同、集体合同的约定或者国家有关规定支付病伤假期工资。用人单位支付的病伤假期工资不得低于当地最低工资标准的80%

主題 THEME 日期 Date / /

工伤保险待遇（一）

- **停工留薪期**

- **工伤医疗待遇**
  - 工伤医疗费
  - 工伤康复费
  - 住院伙食补助费、交通费、食宿费
  - 辅助器具费

  目录、标准、规定范围以内的，由工伤保险基金承担；范围以外的，由工伤职工个人承担

- **生活护理费**

  工伤职工已经评定伤残等级并经劳动能力鉴定委员会确认需要生活护理的，从工伤保险基金按月支付生活护理费；生活护理费按照生活完全不能自理、生活大部分不能自理或者生活部分不能自理三个不同等级支付，其标准分别为统筹地区上年度职工月平均工资的50%、40%或者30%

- **伤残津贴**
  - **一级至四级伤残**
    - 保留劳动关系，退出工作岗位
    - 工伤保险基金每月按照以下标准支付伤残津贴：
      一级伤残为本人工资的90%；
      二级伤残为本人工资的85%；
      三级伤残为本人工资的80%；
      四级伤残为本人工资的75%。
      伤残津贴实际金额低于当地最低工资标准的，由工伤保险基金补足差额
    - 用人单位和工伤职工以伤残津贴为基数，缴纳基本医疗保险费
  - **五级和六级伤残**
    - 保留劳动关系，由用人单位适当安排工作
    - 可以安排工作的，工伤职工通过上班获得工资，不再领取伤残津贴；
      难以安排工作的，由用人单位按月发放伤残津贴：
      五级伤残津贴为本人工资的70%；
      六级伤残津贴为本人工资的60%。
      伤残津贴实际金额低于当地最低工资标准的，由用人单位补足差额

工伤保险待遇（二）

- **一次性伤残补助金**
  - 工伤职工被依法确定伤残等级后，工伤保险基金向其支付一次性伤残补助金

- **一次性工伤医疗补助金、一次性伤残就业补助金**
  - 领取条件：伤残等级为五级至十级，并且劳动关系解除或终止
  - 工伤保险基金支付一次性工伤医疗补助金；用人单位支付一次性伤残就业补助金

- **工伤复发待遇**
  - 工伤职工工伤复发，确认需要治疗的，享受《工伤保险条例》第三十条、第三十二条和第三十三条规定的工伤待遇

- **工亡待遇**
  - 丧葬补助金
    - 6个月的统筹地区上年度职工月平均工资
  - 供养亲属抚恤金
    - 发放对象：由因工死亡职工生前提供主要生活来源、无劳动能力的亲属
    - 计算基数：工亡职工本人工资
    - 标准：配偶每月40%，其他亲属每人每月30%，孤寡老人或者孤儿每人每月在上述标准的基础上增加10%
  - 一次性工亡补助金
    - 上一年度全国城镇居民人均可支配收入的20倍

- **职工失踪或宣告死亡的工伤保险待遇**
  - 职工因工外出期间发生事故或者在抢险救灾中下落不明的，从事故发生当月起3个月内照发工资，从第4个月起停发工资，由工伤保险基金向其供养亲属按月支付供养亲属抚恤金。生活有困难的，可以预支一次性工亡补助金的50%。职工被人民法院宣告死亡的，按照《工伤保险条例》第三十九条职工因工死亡的规定处理

工伤保险待遇界定中"新发生的费用"

- **概念**：用人单位参加工伤保险前发生工伤的职工，在参加工伤保险后新发生的费用

- **法律依据**：
  - 《工伤保险条例》第六十二条
  - 《人力资源社会保障部关于执行〈工伤保险条例〉若干问题的意见（二）》之三

- **范围**：参保后新发生的
  - 工伤医疗费
  - 工伤康复费
  - 住院伙食补助费、交通费、食宿费
  - 辅助器具配置费
  - 生活护理费
  - 一级至四级伤残津贴
  - 解除劳动合同时的一次性工伤医疗补助金
  - 供养亲属抚恤金

⚠ 请注意

1.《工伤保险条例》第六十二条规定，用人单位参加工伤保险并补缴应当缴纳的工伤保险费、滞纳金后，由工伤保险基金和用人单位依照本条例的规定支付新发生的费用。

2.《人力资源社会保障部关于执行〈工伤保险条例〉若干问题的意见（二）》之三：《工伤保险条例》第六十二条规定的"新发生的费用"，是指用人单位参加工伤保险前发生工伤的职工，在参加工伤保险后新发生的费用。

其中由工伤保险基金支付的费用，按不同情况予以处理：

（一）因工受伤的，支付参保后新发生的工伤医疗费、工伤康复费、住院伙食补助费、统筹地区以外就医交通食宿费、辅助器具配置费、生活护理费、一级至四级伤残职工伤残津贴，以及参保后解除劳动合同时的一次性工伤医疗补助金；

（二）因工死亡的，支付参保后新发生的符合条件的供养亲属抚恤金。

待岗期待遇 — 执行待岗后，如果劳动者提供劳动的，可以按照约定计发；如果没有提供劳动的，第一个工资支付周期须按照全薪的标准支付，从第二个工资支付周期开始可以按照当地的生活费标准执行

- 北京：不低于最低工资标准的70%
- 上海：不低于最低工资标准
- 广州：不低于最低工资标准的80%
- 深圳：不低于最低工资标准的80%

专题八 社会保障与住房公积金合规

- 社会保险项目
- 社会保险缴费
- 视同缴费年限
- 基本养老保险待遇领取地
- 工伤或职业病的处理流程
- 停工留薪期
- 新就业形态就业人员职业伤害保障
- 残疾人就业保障金
- 住房公积金

星期一	星期二

捌月

星期三	星期四	星期五	星期六	星期日

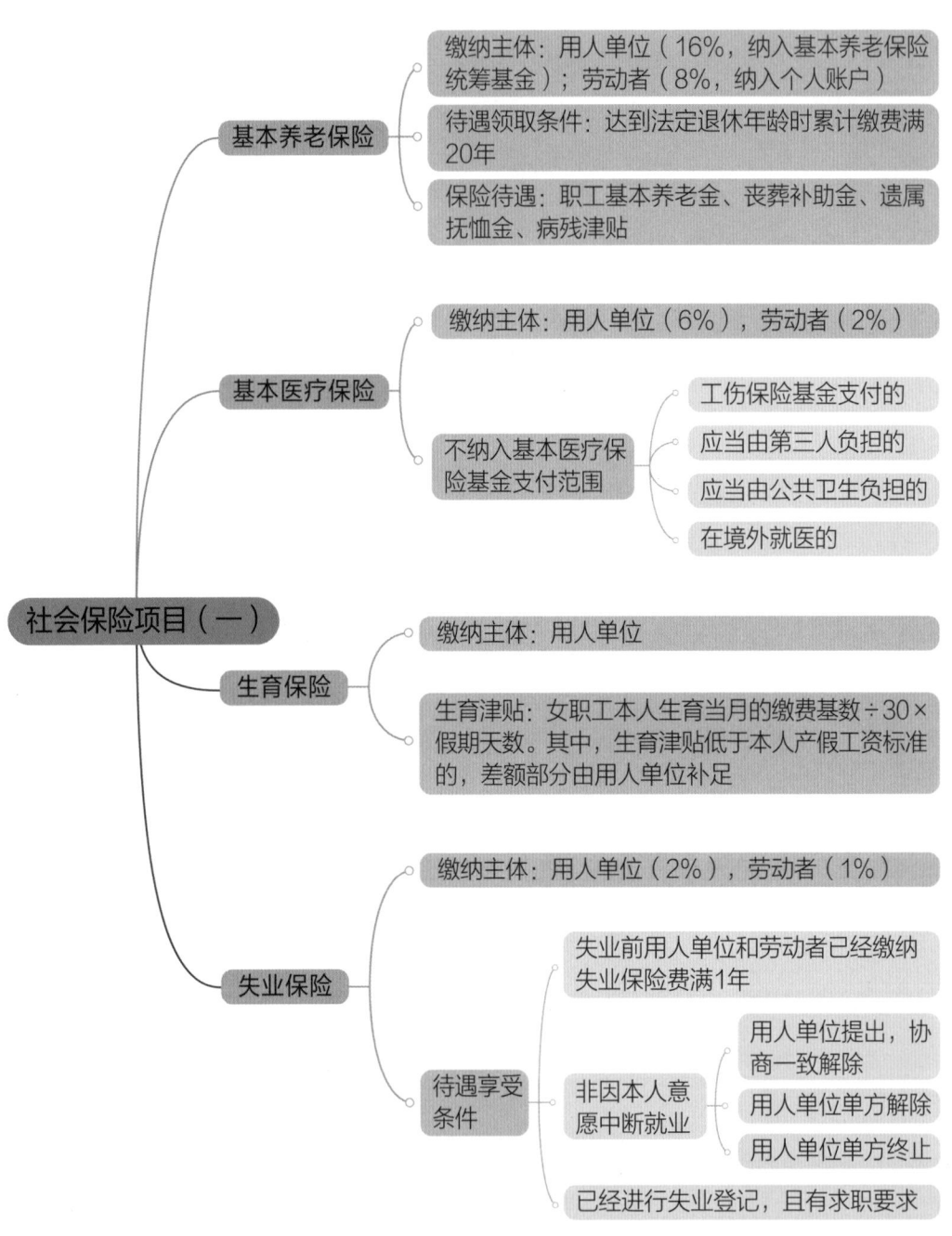

主题 THEME　　　　　　　　　　　　日期 Date　　／　／

> ⚠️ **请注意**
>
> 1. 由于社会保险属于法定保险，其缴费基数与缴费比例均为法定，因此缴费基数与缴费比例无权由用人单位与劳动者自行约定。
>
> 2. 渐进式延迟法定退休年龄：从2025年1月1日起，男职工和原法定退休年龄为五十五周岁的女职工，法定退休年龄每四个月延迟一个月，分别逐步延迟至六十三周岁和五十八周岁；原法定退休年龄为五十周岁的女职工，法定退休年龄每二个月延迟一个月，逐步延迟至五十五周岁。
>
> 3. 养老金最低缴费年限调整：从2030年1月1日起，将职工按月领取基本养老金最低缴费年限由十五年逐步提高至二十年，每年提高六个月。职工达到法定退休年龄但不满最低缴费年限的，可以按照规定通过延长缴费或者一次性缴费的办法达到最低缴费年限，按月领取基本养老金。

主題 THEME **日期** Date   /   /

社会保险项目（二）

工伤保险

- **缴纳主体：用人单位**

- **工伤认定**
  - 工作时间、工作场所、工作原因受到事故伤害
  - 因工外出期间，由于工作原因受到伤害或者发生事故下落不明的
  - 在上下班途中，受到非本人主要责任的交通事故或者城市轨道交通、客运轮渡、火车事故伤害的
  - 患职业病

- **视同工伤**
  - 工作时间、工作岗位，突发疾病死亡或在48小时内经抢救无效死亡
  - 职工原在军队服役，因战、因公负伤致残，已取得革命伤残军人证，到用人单位后旧伤复发
  - 在抢险救灾等维护国家利益、公共利益活动中受到伤害

- **劳动能力鉴定**
  - 劳动能力鉴定是指劳动功能障碍程度和生活自理障碍程度的等级鉴定
  - 劳动能力鉴定由用人单位、工伤职工或者其近亲属向设区的市级劳动能力鉴定委员会提出申请

- **工伤待遇**
  - 工伤医疗待遇 —— 工伤保险基金支付
  - 停工留薪期工资 —— 用人单位支付
  - 辅助器具费用 —— 工伤保险基金支付
  - 伤残待遇
    - 护理费
    - 一次性伤残补助金
    - 伤残津贴
    - 一次性工伤医疗补助金
    - （以上）工伤保险基金支付
    - 一次性伤残就业补助金 —— 用人单位支付
  - 工亡待遇 —— 工伤保险基金支付

主题 THEME　　　　　　　　　　　　　　　　**日期** Date　　　/　　/

> ⚠️ **请注意**
>
> 　　用人单位负有在规定期限内申请工伤认定的责任：职工发生事故伤害或者按照《中华人民共和国职业病防治法》规定被诊断、鉴定为职业病，所在单位应当自事故伤害发生之日或者被诊断、鉴定为职业病之日起30日内，向统筹地区社会保险行政部门提出工伤认定申请。用人单位未在规定的时限内提交工伤认定申请，在此期间发生符合《工伤保险条例》规定的工伤待遇等有关费用由该用人单位负担。

主题 THEME　　　　　　　　　　　日期 Date　　/　/

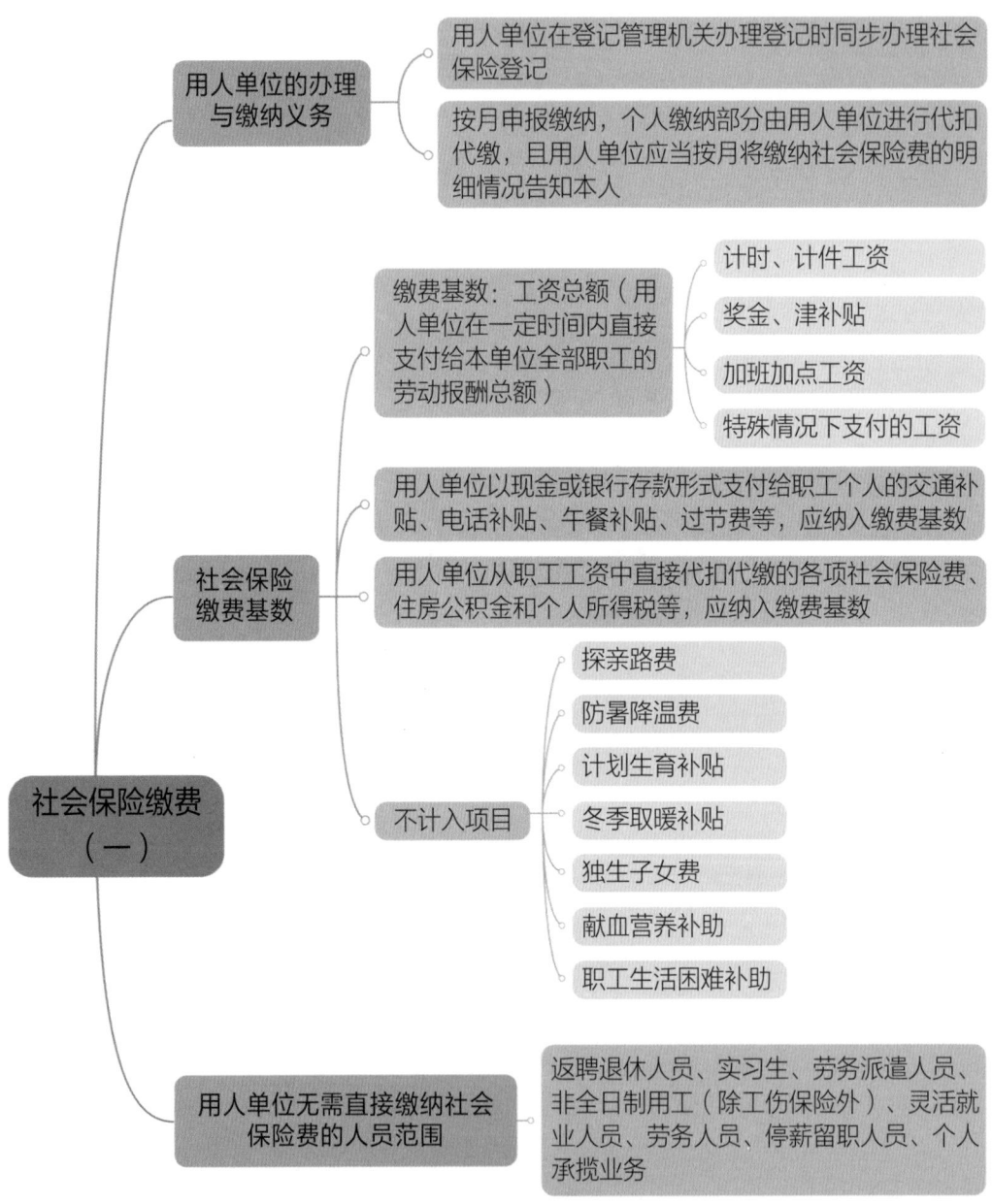

主題 THEME **日期** Date / /

```
社会保险缴费（二）
├── 社会保险缴费常见违规行为
│   ├── 试用期不缴纳社会保险费
│   ├── 人事档案未转移前用人单位不缴纳社会保险费
│   ├── 用现金或者其他补贴代替缴纳社会保险费 ─── 社会保险缴费义务随劳动关系而产生
│   ├── 违规挂靠其他主体代缴社会保险费
│   ├── 长期存在社会保险费和个人所得税比对异常情形
│   └── 不签订合同就不给劳动者缴纳社会保险费
│
└── 未办理社会保险登记或未缴纳社会保险费的后果
    ├── 用人单位未缴纳社会保险费的，劳动者有权依据《中华人民共和国劳动合同法》第三十八条提出被迫离职，并要求用人单位支付经济补偿金
    ├── 劳动者有权要求用人单位按照法定标准的缴费基数补缴社会保险费
    ├── 不办理社会保险登记的
    │   ├── 社会保险行政部门责令限期改正
    │   └── 逾期不改正的
    │       ├── 对用人单位处应缴社会保险费数额一倍以上三倍以下的罚款
    │       └── 对其直接负责的主管人员和其他直接责任人员处五百元以上三千元以下的罚款
    ├── 未及时足额缴纳社会保险费
    │   ├── 由社会保险费征收机构责令限期缴纳或者补足，并自欠缴之日起，按日加收万分之五的滞纳金
    │   └── 逾期仍不缴纳的，由有关行政部门处欠缴数额一倍以上三倍以下的罚款
    ├── 未缴纳社会保险费期间发生保险事项的，用人单位承担社会保险待遇
    └── 劳动者以用人单位未为其办理社会保险手续，且社会保险经办机构不能补办导致其无法享受社会保险待遇为由，可要求用人单位赔偿相应损失
```

主题 THEME

日期 Date / /

> **请注意**
>
> 1. 社会保险缴费并不因劳动者个人放弃或用人单位支付社会保险补贴而消灭，实践中由劳动者提交书面申请、承诺书声明在职期间放弃缴纳社会保险费，或者与用人单位签订协议约定按月支付社会保险补贴代替缴纳社会保险费的行为并不发生法律效力，劳动者仍有权以用人单位未缴纳或未足额缴纳社会保险费的行为进行投诉，用人单位仍然面临社会保险法律责任。
>
> 2. 随着目前各地对社保一体化、"三统一"的强调，用人单位需确保同一劳动者的劳动合同签订主体、工资发放和个人所得税缴纳主体以及社会保险费缴纳主体三者一致。
>
> 3. 劳动者存在其他劳动关系导致社会保险费已有主体缴存的，用人单位应当随时关注相关信息，避免发生未缴纳社会保险费的情况。

主题 THEME   日期 Date   /   /

视同缴费年限

概念
国有、县以上集体所有制单位的固定职工在实行企业和职工个人共同缴纳基本养老保险制度之前,按照相关规定计算为连续工龄的时间

背景
- 《国务院关于深化企业职工养老保险制度改革的通知》
- 《国务院关于建立统一的企业职工基本养老保险制度的决定》
- 劳动部办公厅印发《职工基本养老保险个人账户管理暂行办法》

可能存在视同缴费年限的主体
在统账结合制度实施之前参加工作的机关事业单位职工、转业或退役军人、知青、固定工、城镇合同工、集体所有制企业员工、计划内临时工以及"亦工亦农"工等按照国家有关政策可计算连续工龄的人员

认定视同缴费年限的前提
- 实行养老保险个人缴费后参加了养老保险
- 符合国家认定的连续工龄的政策规定

不被认定为视同缴费年限的情形
- 劳动者存在除名或自动离职的情形,原则上对应当视同缴费的期间不作为视同缴费年限计算
- 劳动者受过开除处分或者刑事处分的情形,原来没有缴费的工作年限一般不得计算为连续工龄,除非情节较轻且经过任免机关批准合并计算的
- 以自主择业安置的军队转业干部从本人实际缴费之日起开始计算缴费年限,没有实际缴费的军龄不属于视同缴费年限的范围
- 缺乏具备连续性、完整性的档案材料,无法体现连续工龄的真实情况的,也不能被认定为视同缴费年限

主題 THEME   日期 Date   /   /

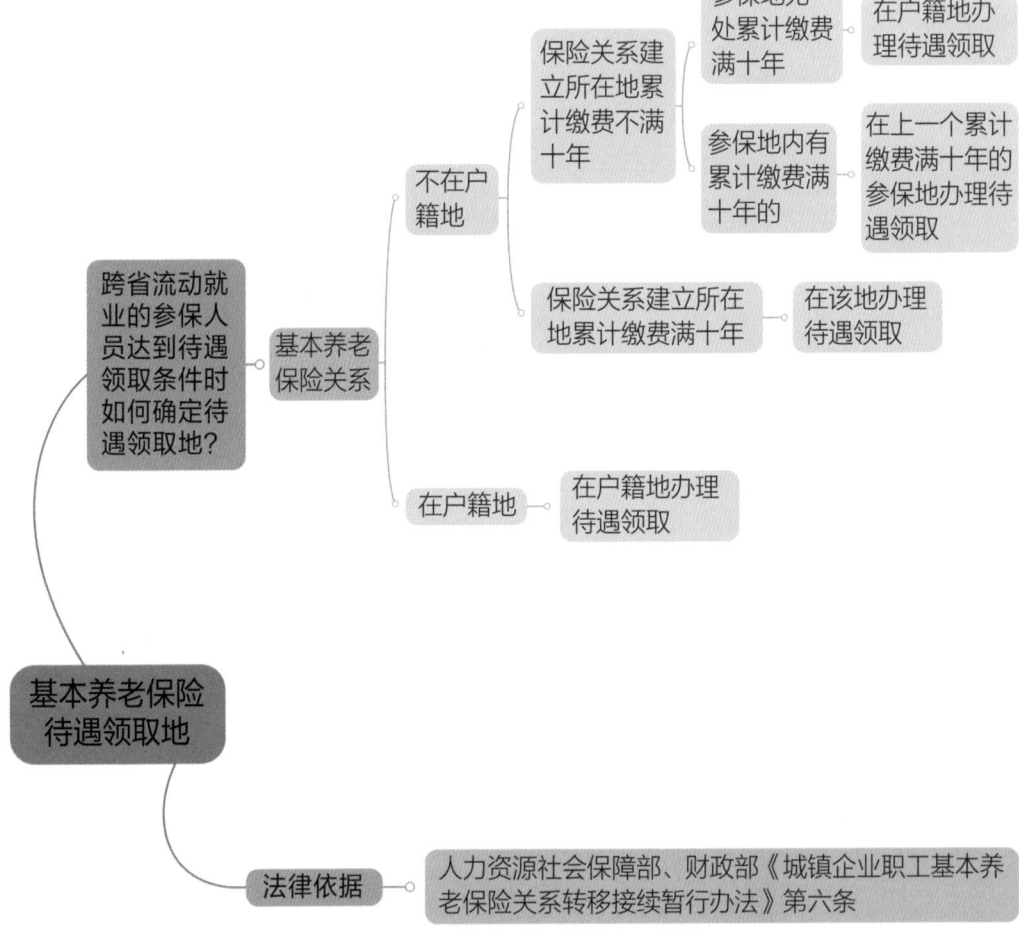

主题 THEME   日期 Date   /   /

⚠ 请注意

人力资源社会保障部、财政部《城镇企业职工基本养老保险关系转移接续暂行办法》第六条规定，跨省流动就业的参保人员达到待遇领取条件时，按下列规定确定其待遇领取地：

（一）基本养老保险关系在户籍所在地的，由户籍所在地负责办理待遇领取手续，享受基本养老保险待遇；

（二）基本养老保险关系不在户籍所在地，而在其基本养老保险关系所在地累计缴费年限满10年的，在该地办理待遇领取手续，享受当地基本养老保险待遇；

（三）基本养老保险关系不在户籍所在地，且在其基本养老保险关系所在地累计缴费年限不满10年的，将其基本养老保险关系转回上一个缴费年限满10年的原参保地办理待遇领取手续，享受基本养老保险待遇；

（四）基本养老保险关系不在户籍所在地，且在每个参保地的累计缴费年限均不满10年的，将其基本养老保险关系及相应资金归集到户籍所在地，由户籍所在地按规定办理待遇领取手续，享受基本养老保险待遇。

主题 THEME   日期 Date   /   /

```
                        ┌─────────────────┐
                        │ 工伤或职业病的  │
                        │   处理流程      │
                        └─────────────────┘
                                │
          ┌─────────────────────┴─────────────────────┐
          │                                           │
      工伤认定                                   定点医疗
                                                 机构治疗
                                                     │
                                                 工伤康复
```

工伤认定

- 申请时间：自事故伤害发生之日或者被诊断、鉴定为职业病之日起30日内
- 申请主体：用人单位、职工本人、职工近亲属、工会组织
- 申请对象：向统筹地区社会保险行政部门提出工伤认定申请
- 时限延长：特殊情况经报社会保险行政部门同意可适当延长

劳动能力鉴定

- 申请对象：设区的市级劳动能力鉴定委员会
- 适用情形：
  - 职工经治疗伤情相对稳定后存在残疾、影响劳动能力
  - 职工停工留薪期满
- 不服鉴定结果：收到该鉴定结论之日起15日内向省、自治区、直辖市劳动能力鉴定委员会申请再次鉴定
- 复查鉴定：
  - 申请时间：鉴定结论作出之日起1年后
  - 申请情形：认为伤残情况发生变化的
  - 申请对象：设区的市级劳动能力鉴定委员会

工伤保险待遇支付

主题 THEME   日期 Date   /   /

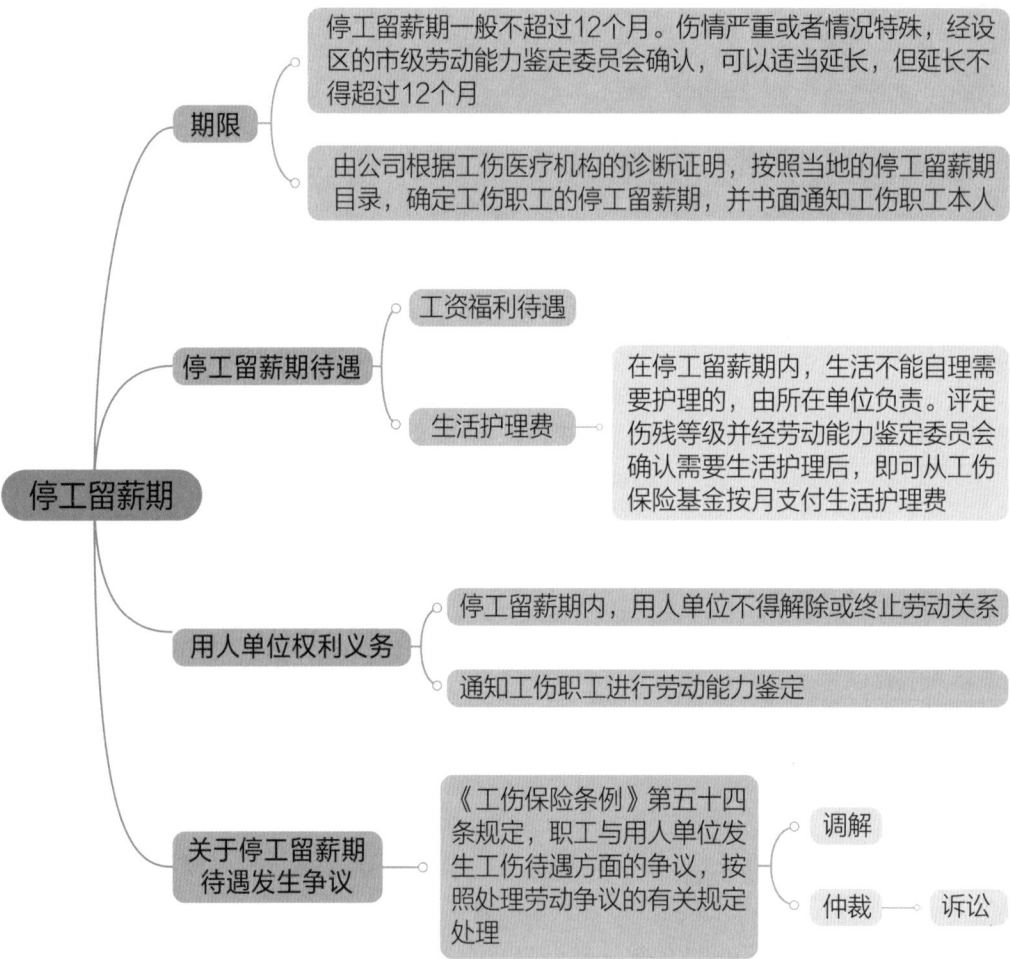

主题 THEME   日期 Date   /   /

```
新就业形态就业人员
职业伤害保障
├─ 概念 ── 针对共享经济、"互联网+"等新兴行业就业人员在工作过程中可能发生的意外伤害提供的社会保障
├─ 政策背景 ── 人力资源社会保障部等十部门印发《关于开展新就业形态就业人员职业伤害保障试点工作的通知》
├─ 试点地区 ── 北京、上海、江苏、广东、海南、重庆、四川7省市
├─ 涉及行业 ── 出行、外卖、即时配送、同城货运
├─ 试点期限 ── 2022年7月至2024年7月
└─ 与工伤保险的区别
    ├─ 适用群体不同 ── 适用于通过试点平台注册并接单，以平台企业名义提供出行、外卖、即时配送和同城货运等劳动并获得报酬或者收入的新就业形态就业人员，如网约车司机、外卖骑手、快递员等
    ├─ 投保主体不同 ── 投保主体为试点地区的试点平台企业
    └─ 缴费方式不同 ── 采用按单缴费模式。按单缴费模式下平台企业将完整的工作任务分解成一个个订单，根据每单缴费标准缴纳费用后，按月让新就业形态就业人员实名参加职业伤害保障。该种模式不要求灵活就业人员与单一公司或平台建立稳定长期的劳动关系
```

主題 THEME　　　　　　　　　　日期 Date　　／　／

残疾人就业保障金（一）

安排残疾人就业条件

- 用人单位安排残疾人就业的比例不得低于本单位在职职工总数的1.5%
- 录用标准
  - 录用为在编人员或依法与就业年龄段内的残疾人签订一年以上（含一年）劳动合同（服务协议）
  - 实际支付的工资不低于当地最低工资标准
  - 足额缴纳社会保险费
  - 残疾人需要持有《中华人民共和国残疾人证》或《中华人民共和国残疾军人证》（一级至八级）

缴纳主体

- 未按规定安排残疾人就业的机关、团体、企业、事业单位和民办非企业单位
- 劳务派遣方式下，由派遣单位和接受单位通过签订协议的方式协商一致，计入其中一方的实际安排残疾人就业人数和在职职工人数

缴纳金额

- 年缴纳额=（上年用人单位在职职工人数×所在地省（区、市）人民政府规定的安排残疾人就业比例－上年用人单位实际安排的残疾人就业人数）×上年用人单位在职职工年平均工资
- 季节性用工应当折算为年平均用工人数

缴纳期限

- 一般按月缴纳

主题 THEME　　　　　　　　　　**日期** Date　　／　　／

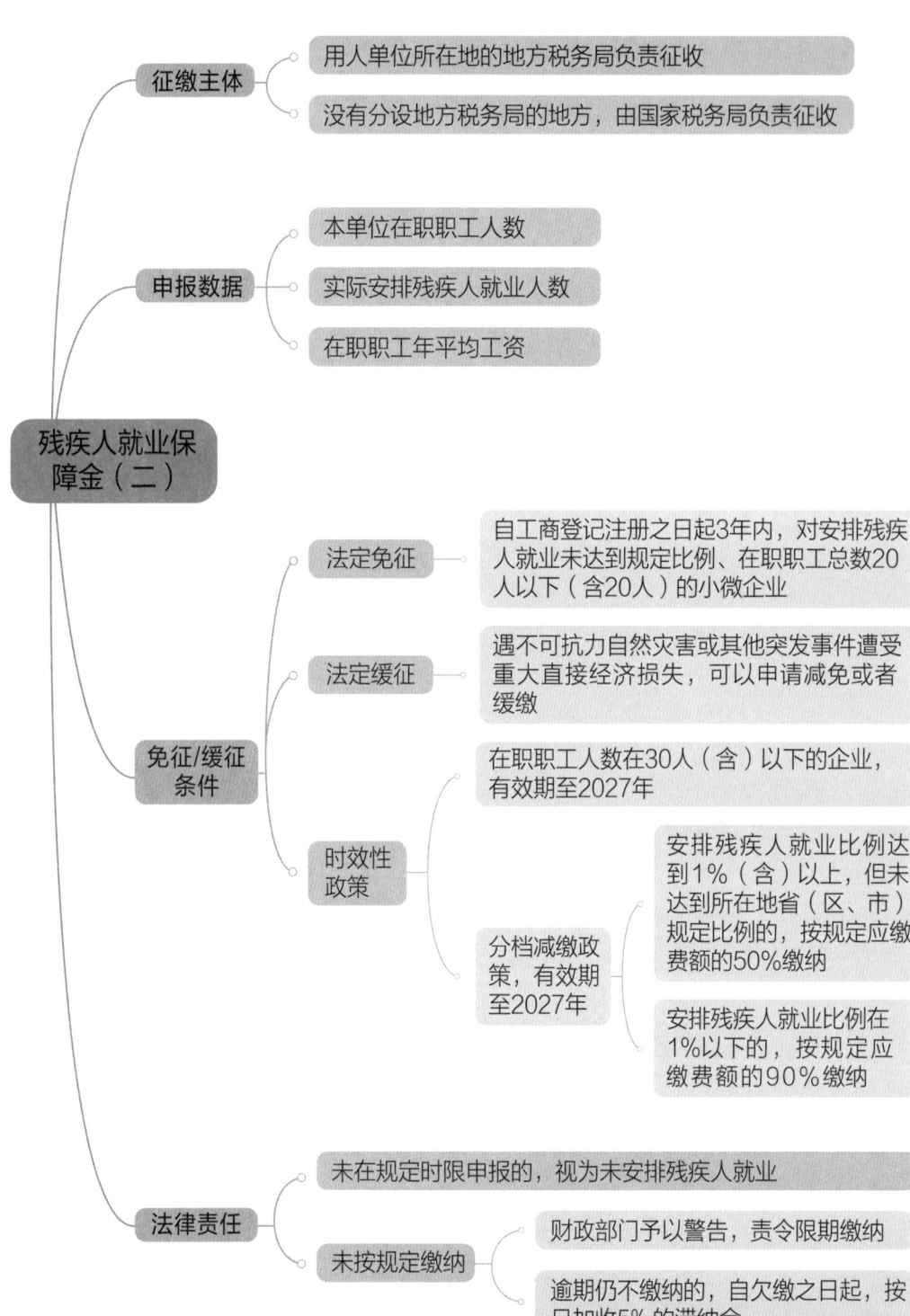

主题 THEME 日期 Date　　／　／

住房公积金

- **缴存主体**
  - 职工个人
  - 用人单位

- **缴存基数**
  - 原则上：职工本人上一年度月平均工资
  - 新参加工作、新入职：职工本人当月工资

- **缴存比例**
  - 5%~12%
  - 具体比例由用人单位和职工协商确定

- **权益归属**
  - 职工个人缴存的住房公积金和职工所在单位为职工缴存的住房公积金，属于职工个人所有

- **缴存时间**
  - 新设立的单位
    - 应当自设立之日起30日内向住房公积金管理中心办理住房公积金缴存登记
    - 自登记之日起20日内，为本单位职工办理住房公积金账户设立手续
  - 单位合并、分立、撤销、解散或者破产
    - 自发生情况之日起30日内由原单位或者清算组织办理变更登记或者注销登记
    - 自办妥变更登记或者注销登记之日起20日内，为本单位职工办理住房公积金账户转移或者封存手续
  - 新录用职工
    - 自录用之日起30日内办理缴存登记以及账户的设立或者转移手续

- **缓缴、降低缴存比例**
  - 缴存确有困难
  - 经本单位职工代表大会或者工会讨论通过
  - 经住房公积金管理中心审核
  - 报住房公积金管理委员会批准

- **法律责任**
  - 单位不办理住房公积金缴存登记或为本单位职工设立账户
    - 由住房公积金管理中心责令限期办理
    - 逾期不办理的，处1万元以上5万元以下的罚款
  - 单位逾期不缴或者少缴住房公积金
    - 由住房公积金管理中心限期缴存
    - 限期内仍不缴存的，可以申请人民法院强制执行

主题 THEME   日期 Date   /   /

专题九 离职离任管理合规

- 常见离职情形
- 用人单位解除劳动合同
- 客观情况发生重大变化
- 经济性裁员
- 离职流程管理
- 经济补偿金合规支付
- 员工严重违纪处理流程
- 劳动合同终止

星期一

星期二

玖月

星期三	星期四	星期五	星期六	星期日

```
常见离职情形
├── 解除劳动合同
│   ├── 用人单位与劳动者协商一致
│   │   ├── 用人单位提出
│   │   └── 劳动者提出
│   ├── 劳动者单方解除
│   │   ├── 主动解除
│   │   │   ├── 劳动者提前三十日以书面形式通知用人单位
│   │   │   └── 劳动者在试用期内提前三日通知用人单位
│   │   └── 被迫解除
│   │       ├── 用人单位未按照劳动合同约定提供劳动保护或者劳动条件的
│   │       ├── 用人单位未及时足额支付劳动报酬的
│   │       ├── 用人单位未依法为劳动者缴纳社会保险费的
│   │       ├── 用人单位的规章制度违反法律、法规的规定，损害劳动者权益的
│   │       ├── 用人单位原因致使劳动合同无效的
│   │       └── 用人单位以暴力、威胁或者非法限制人身自由的手段强迫劳动者劳动的，或者用人单位违章指挥、强令冒险作业危及劳动者人身安全的
│   └── 用人单位单方解除
│       ├── 过失性辞退
│       ├── 无过失性辞退
│       └── 经济性裁员
└── 终止劳动合同
    ├── 劳动合同期满的
    ├── 劳动者开始依法享受基本养老保险待遇的
    ├── 劳动者死亡，或者被人民法院宣告死亡或者宣告失踪的
    ├── 用人单位被依法宣告破产的
    └── 用人单位被吊销营业执照、责令关闭、撤销或者用人单位决定提前解散的
```

主題 THEME　　　　　　　　　　　　**日期** Date　　　／　／

用人单位解除劳动合同

- **过失性辞退**
  - 在试用期内被证明不符合录用条件
  - 确有证据证明劳动者严重违反规章制度，且规章制度经过民主程序与公示程序
  - 严重失职，营私舞弊，给用人单位造成重大损害，重大损害的程度可参考规章制度规定或双方约定
  - 劳动者同时与其他用人单位建立劳动关系，对完成本单位的工作任务造成严重影响，或者经用人单位提出，拒不改正的
  - 因劳动者原因致使劳动合同无效的
  - 被依法追究刑事责任的

- **无过失性辞退**
  - 劳动者患病或者非因工负伤
    - 在规定的医疗期满后不能从事原工作，也不能从事用人单位另行安排的其他工作
  - 劳动者不胜任工作
    - 首次考核被认定为不胜任
    - 经过培训或调岗后的二次考核仍不胜任
  - 客观情况发生重大变化
    - 受重大的外部变化或政策变化导致组织架构调整或岗位减少等，致使劳动合同无法履行
    - 用人单位与劳动者协商变更未达成一致

- **经济性裁员**
  - 程序性条件
    - 需要裁减人员二十人以上或者裁减不足二十人但占企业职工总数百分之十以上的，用人单位提前三十日向工会或者全体职工说明情况，听取工会或者职工的意见后，裁减人员方案经向劳动行政部门报告，可以裁减人员
  - 实体性条件
    - 依照企业破产法规定进行重整的
    - 生产经营发生严重困难的
    - 企业转产、重大技术革新或者经营方式调整，经变更劳动合同后，仍需裁减人员的
    - 其他因劳动合同订立时所依据的客观经济情况发生重大变化，致使劳动合同无法履行的

- **程序性要件**
  - 将解除理由通知工会
  - 研究工会的意见，并将处理结果书面通知工会

主题 THEME 　　　　　　　　　　日期 Date　　　/　　/

- 客观情况发生重大变化
  - 理论来源：民法理论中的情势变更原则
  - 法律依据
    - 《中华人民共和国劳动法》第二十六条
    - 《中华人民共和国劳动合同法》第四十条
    - 劳动部办公厅《关于〈中华人民共和国劳动法〉若干条文的说明》
  - 因市场变化、经营情况变化而进行组织架构调整、生产经营地点调整是否属于"客观情况发生重大变化"？
    - 北京地区排除这一情形 —— 《北京市高级人民法院、北京市劳动人事争议仲裁委员会关于审理劳动争议案件解答（一）》之79
    - 广东地区认可因自身发展规划进行搬迁的情形 —— 《广东省高级人民法院关于审理劳动争议案件疑难问题的解答》（已失效，但能够反映司法实务中的一种代表性观点）之9

主题 THEME   日期 Date   /   /

⚠️ 请注意

1.《中华人民共和国劳动法》第二十六条规定,有下列情形之一的,用人单位可以解除劳动合同,但是应当提前三十日以书面形式通知劳动者本人:(三)劳动合同订立时所依据的客观情况发生重大变化,致使原劳动合同无法履行,经当事人协商不能就变更劳动合同达成协议的。

2.《中华人民共和国劳动合同法》第四十条规定,有下列情形之一的,用人单位提前三十日以书面形式通知劳动者本人或者额外支付劳动者一个月工资后,可以解除劳动合同:(三)劳动合同订立时所依据的客观情况发生重大变化,致使劳动合同无法履行,经用人单位与劳动者协商,未能就变更劳动合同内容达成协议的。

3. 劳动部办公厅《关于〈劳动法〉若干条文的说明》第二十六条规定,本条中的"客观情况"指:发生不可抗力或出现致使劳动合同全部或部分条款无法履行的其他情况,如企业迁移、被兼并、企业资产转移等,并且排除本法第二十七条所列的客观情况。第二十七条规定,用人单位濒临破产进行法定整顿期间或者生产经营状况发生严重困难,确需裁减人员的,应当提前三十日向工会或者全体职工说明情况,听取工会或者职工的意见,经向劳动行政部门报告后,可以裁减人员。

4.《北京市高级人民法院、北京市劳动人事争议仲裁委员会关于审理劳动争议案件解答(一)》之79:哪些情形属于《中华人民共和国劳动合同法》第四十条第三项规定的劳动合同订立时所依据的客观情况发生重大变化?

"劳动合同订立时所依据的客观情况发生重大变化"是指劳动合同订立后发生了用人单位和劳动者订立合同时无法预见的变化,致使双方订立的劳动合同全部或者主要条款无法履行,或者若继续履行将出现成本过高等显失公平的状况,致使劳动合同目的难以实现。

下列情形一般属于"劳动合同订立时所依据的客观情况发生重大变化":
(1)地震、火灾、水灾等自然灾害形成的不可抗力;(2)受法律、法规、政策变化导致用人单位迁移、资产转移或者停产、转产、转(改)制等重大变化的;(3)特许经营性质的用人单位经营范围等发生变化的。

5.《广东省高级人民法院关于审理劳动争议案件疑难问题的解答》(已失效,但能够反映司法实务中的一种代表性观点)之9:因企业搬迁引起的劳动合同履行问题如何处理?

企业因自身发展规划进行的搬迁,属于劳动合同订立时所依据的客观情况发生重大变化,用人单位应与劳动者协商变更劳动合同内容。未能就变更劳动合同内容达成协议的,劳动者要求解除劳动合同以及用人单位支付解除劳动合同的经济补偿金的,予以支持。但如企业搬迁未对劳动者造成明显的影响,且用人单位采取了合理的弥补措施(如提供班车、交通补贴等),劳动者解除劳动合同理由不充分的,用人单位无须支付解除劳动合同的经济补偿金。

主題 THEME   日期 Date   /   /

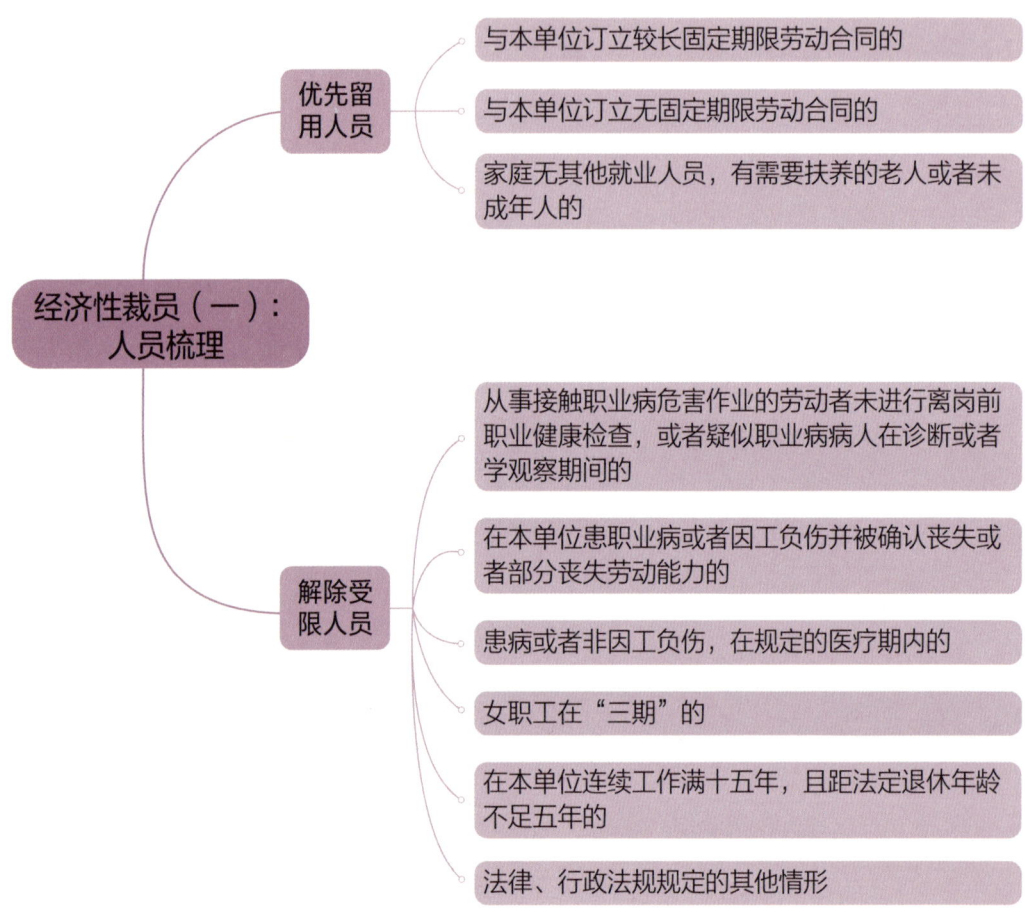

⚠️ **请注意**

解除受限人员为受特殊保护员工,用人单位不得依照《中华人民共和国劳动合同法》第四十条、第四十一条的规定解除劳动合同。

主题 THEME　　　　　　　　　　　日期 Date　　/　　/

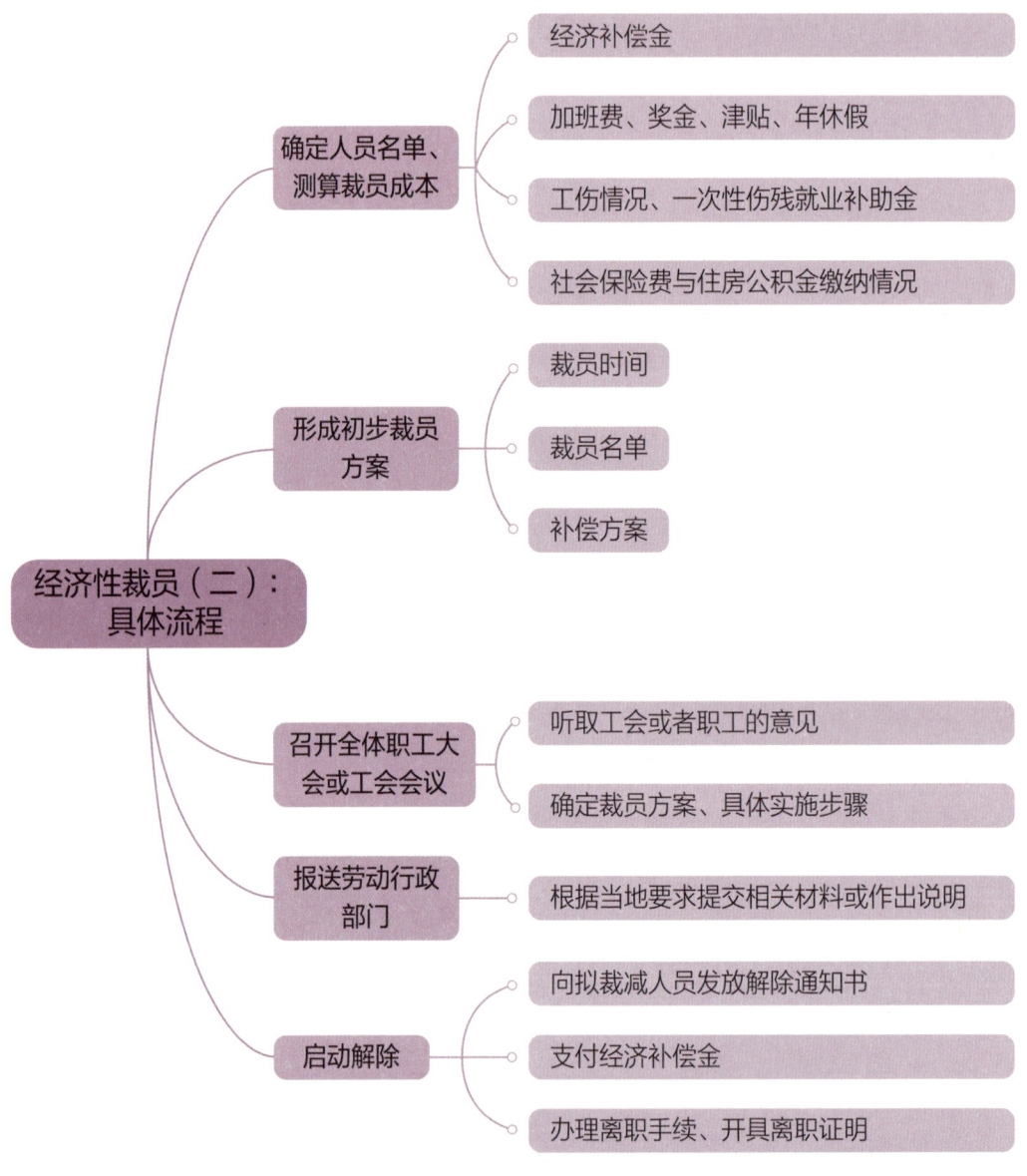

主題 THEME   日期 Date   /   /

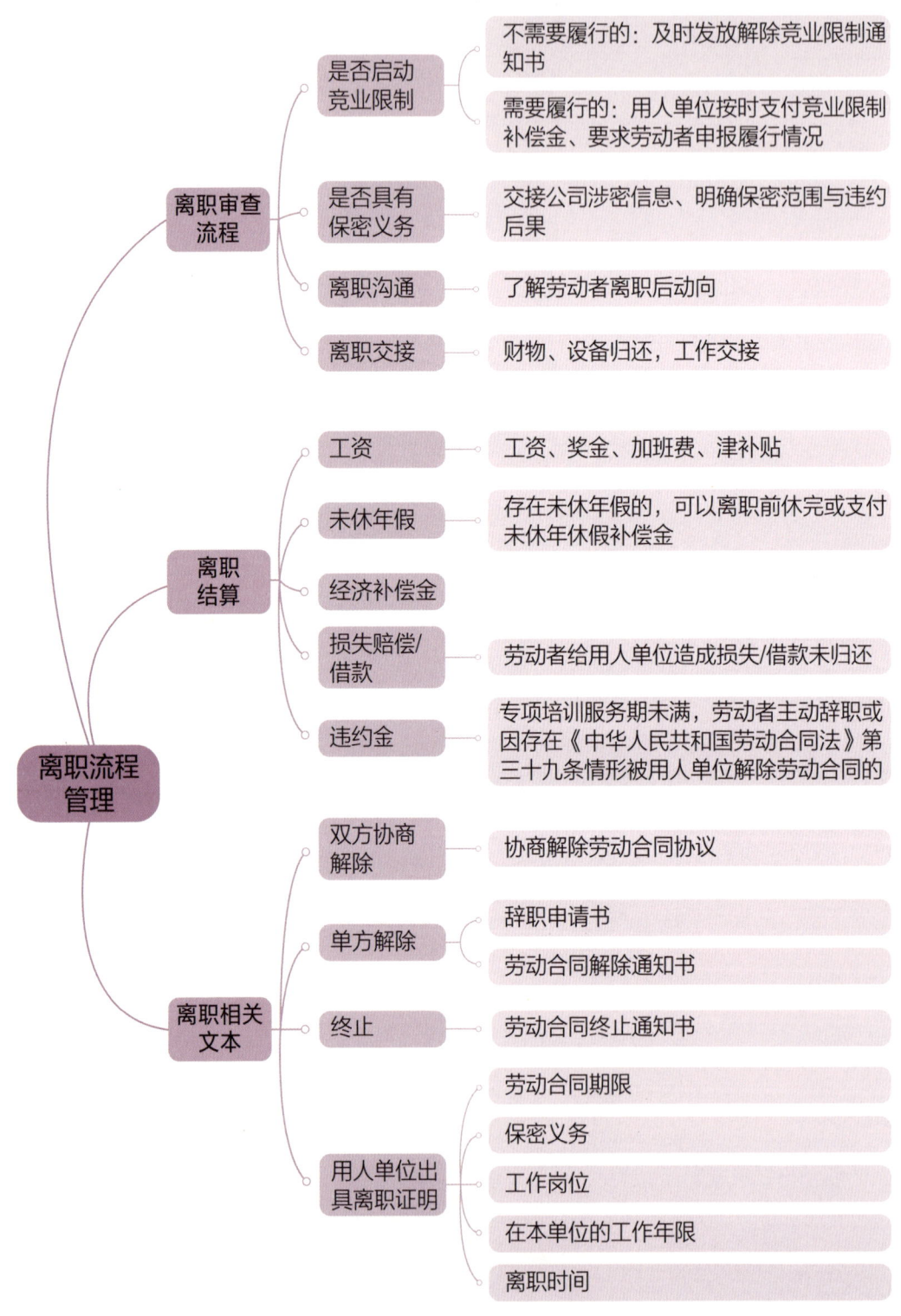

主題 THEME   日期 Date   /   /

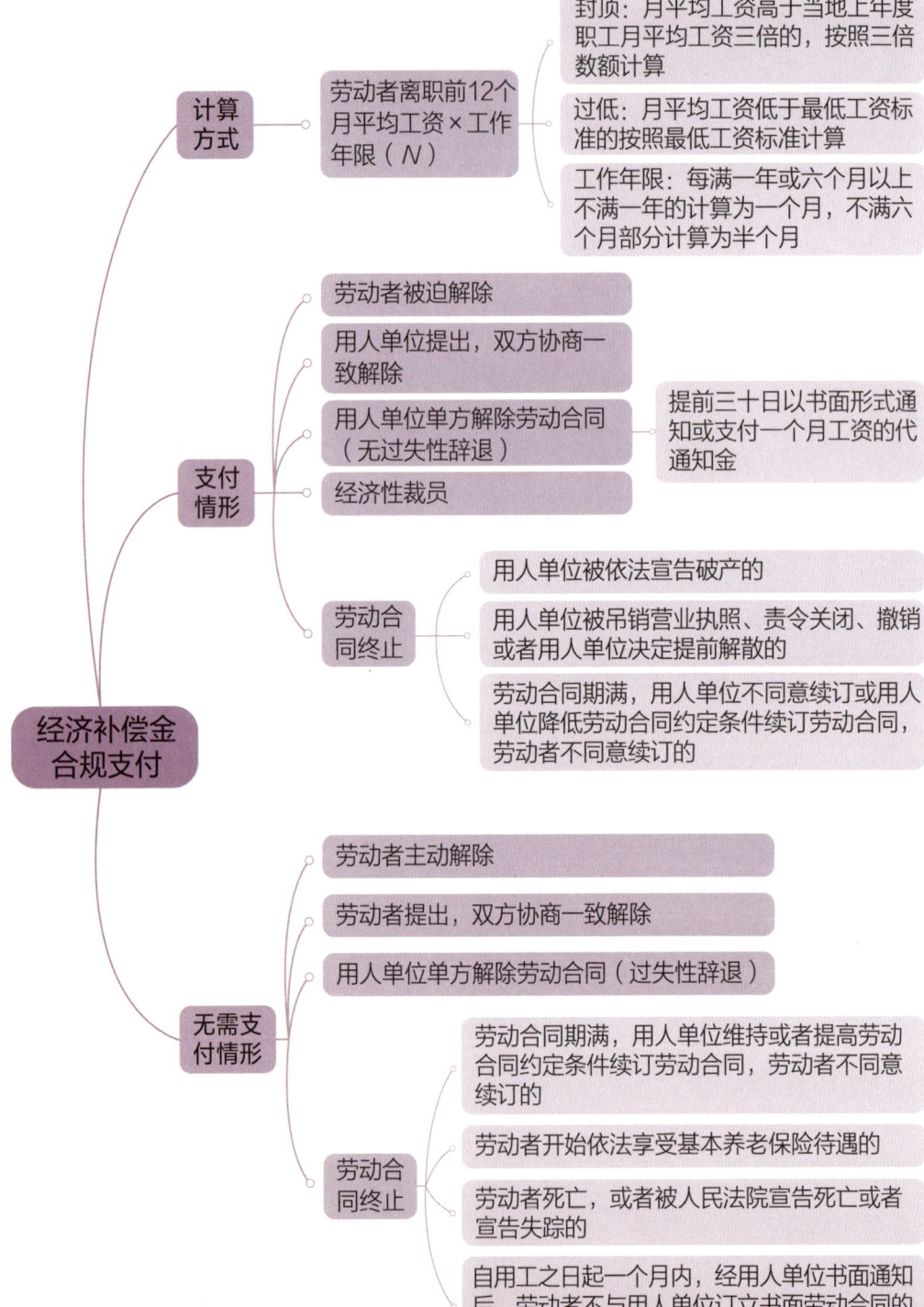

主題 THEME　　　　　日期 Date　　/　/

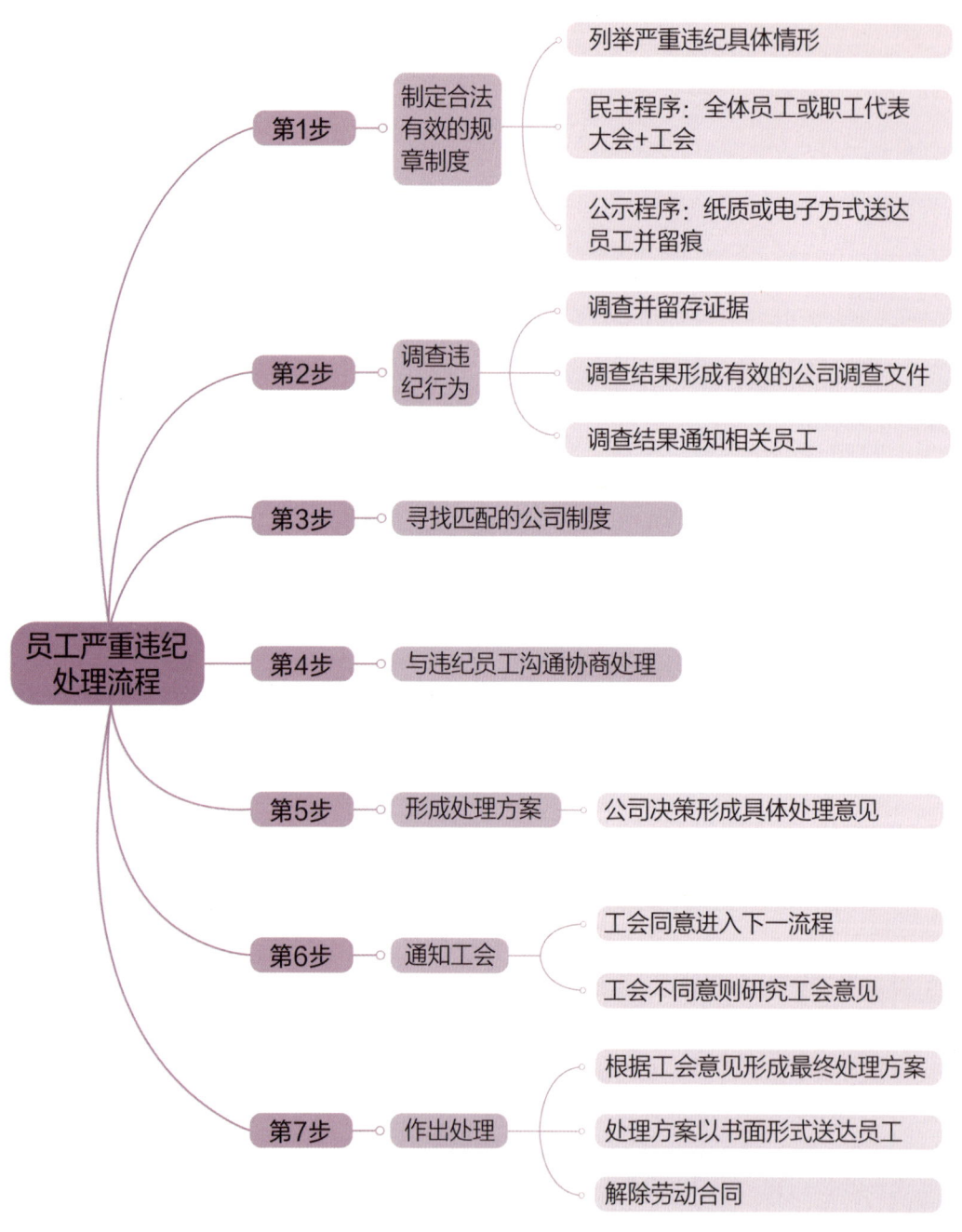

主题 THEME　　　　　　　　日期 Date　　／　／

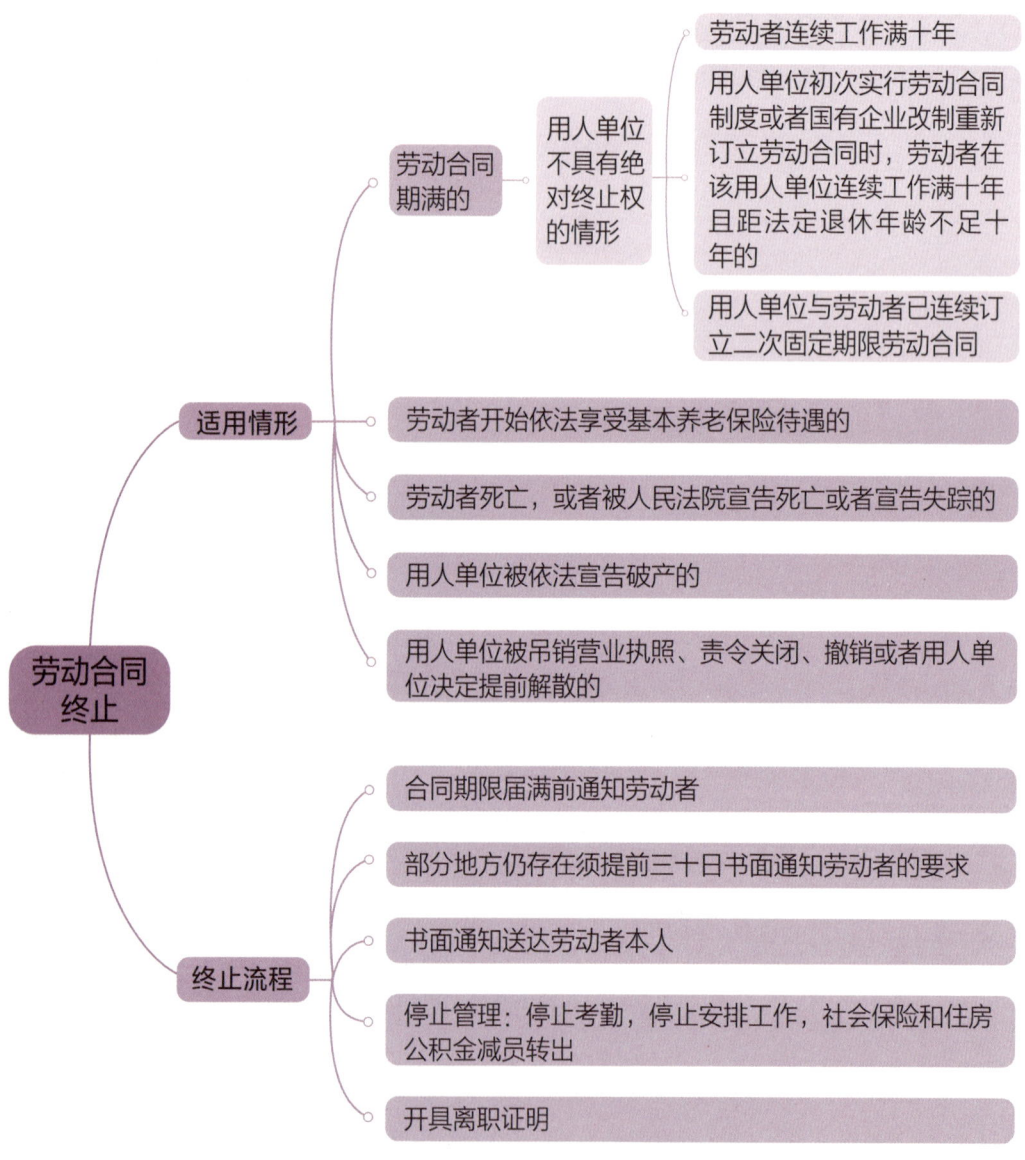

主题 THEME　　　　　　　　　　日期 Date　　/　/

专题十 人力资源数据管理合规

- 人力资源管理中的个人信息
- 个人信息保护合规体系搭建
- 人力资源管理场景下的个人信息保护

星期一　　星期二

拾月

星期三	星期四	星期五	星期六	星期日

人力资源管理中的个人信息

- **个人基本资料**：姓名、国籍、民族、住址、生日、户口等
- **个人身份信息**：身份证、护照、驾驶证、工作证、社保卡、工作居住证等
- **个人生物识别信息**：指纹、面部识别特征、虹膜
- **网络身份标识信息**：平台账号、IP地址
- **个人健康生理信息**：住院记录、病史、体重、身高、药物过敏信息等
- **个人教育工作信息**：教育经历、工作经历、成绩单等
- **个人财产信息**：银行账户、信贷记录、流水记录、房产信息等
- **个人通信信息**：电话、微信聊天记录、电子邮件等
- **联系人信息**：紧急联系人、通讯录等
- **个人位置信息**：行踪轨迹、住宿信息、定位信息
- **个人上网记录**：网络浏览记录、收藏记录等
- **个人常用设备信息**：手机ID、电脑设备识别码等
- **其他信息**：婚姻情况、生育情况、宗教信仰等

> ⚠ **请注意**
>
> 　　随着数字时代的到来，大数据和算法成为发展的关键要素，用人单位收集、处理劳动者个人信息的能力不再面临技术、经济条件的制约，"无限的员工监视"（limitless worker surveillance）正在逐渐成为现实。尽管《中华人民共和国个人信息保护法》新增"按照依法制定的劳动规章制度和依法签订的集体合同实施人力资源管理所必需"的条款，并将其列为五项可豁免于同意规则的合法处理情形之一，但就用人单位对劳动者劳动过程中的控制边界如何确定，在职场场域中还具有一定的特殊性，用人单位需要结合"人力资源管理所必需"和人力资源管理全周期，对个人信息保护的合规管理及人力资源管理场景下的个人信息保护进行深度理解。

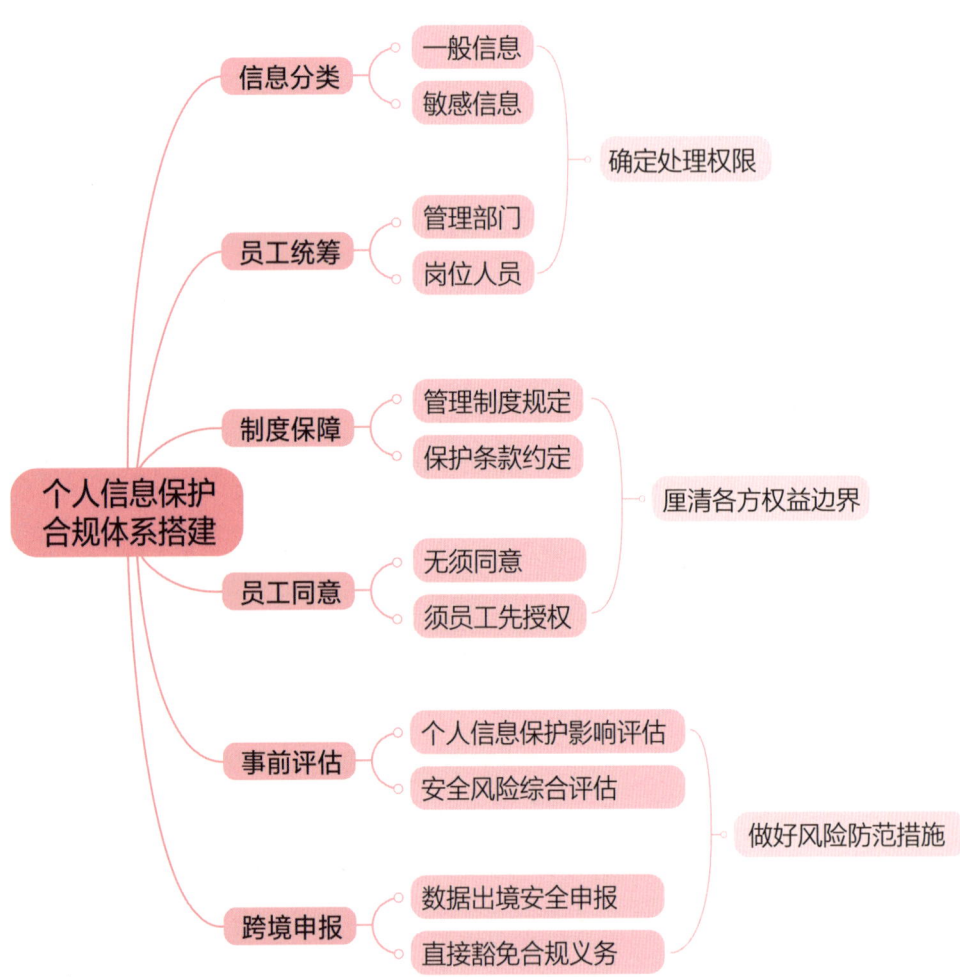

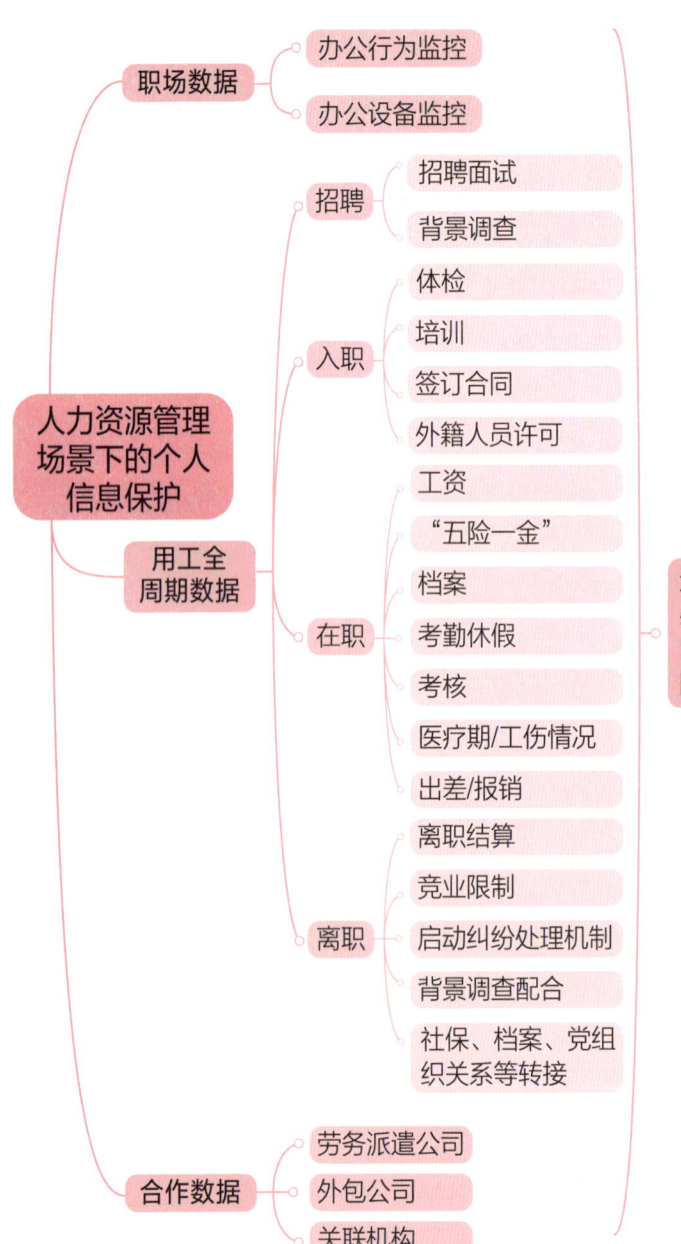

> ⚠️ **请注意**
>
> 《中华人民共和国个人信息保护法》第五十五条规定，个人信息处理者在处理敏感个人信息、委托处理个人信息等特定情形下应事前进行个人信息保护影响评估。个人信息保护影响评估的行为应包括个人信息处理活动和采取的保护措施，评估的影响应包括确定的实际影响和潜在的不确定性影响。

专题十一 劳动舆情、监察与争议处理

- 劳动舆情处理
- 员工内部申诉
- 劳动监察内容
- 劳动监察流程
- 劳动争议和解
- 劳动争议调解
- 劳动争议仲裁
- 劳动争议诉讼
- 已生效判决再审

星期一	星期二

拾壹月

星期三	星期四	星期五	星期六	星期日

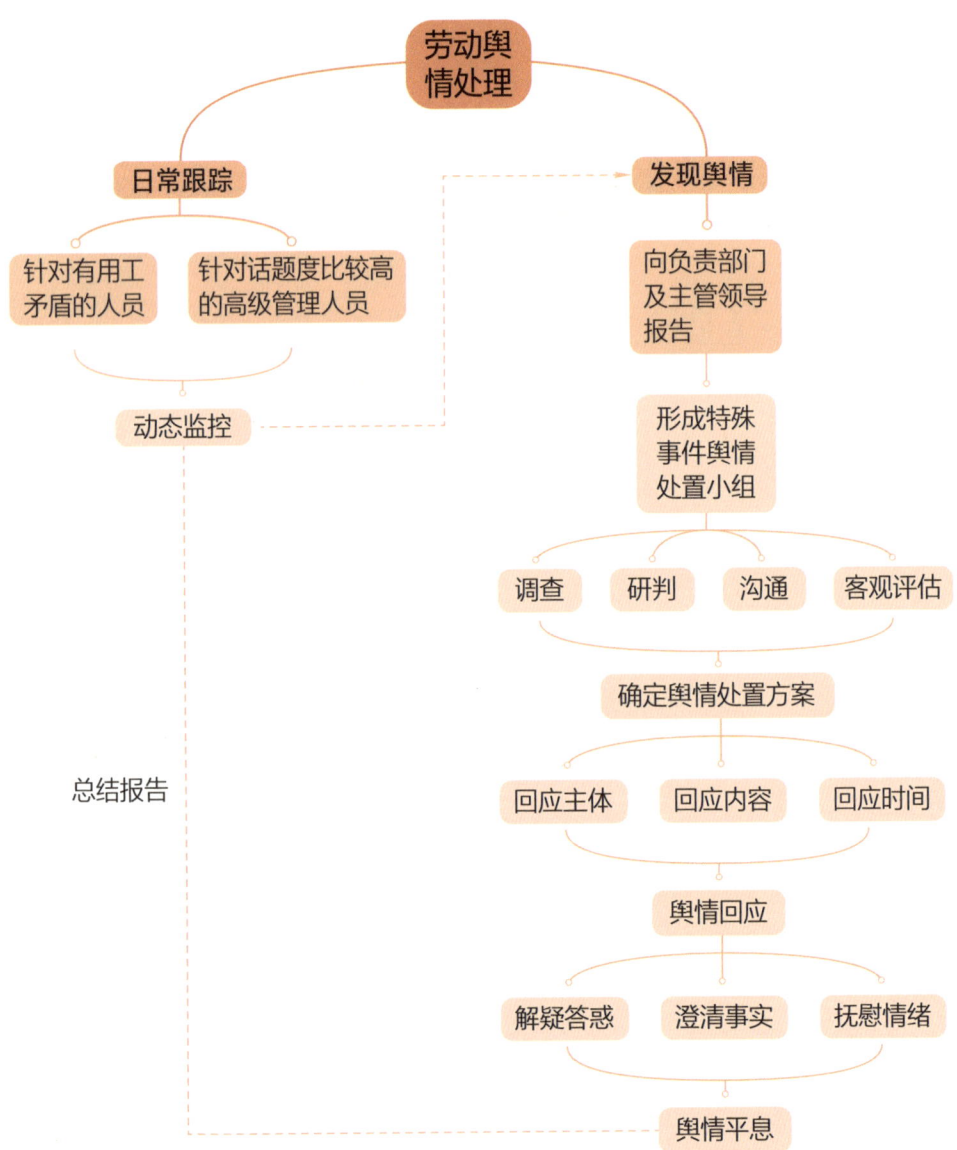

主题 THEME					日期 Date　　／　／

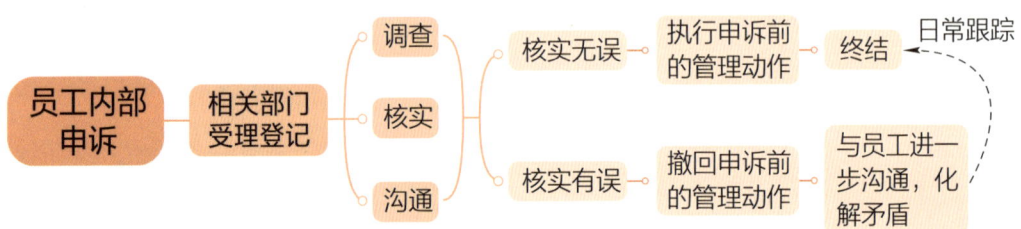

> **⚠ 请注意**
>
> 通常员工内部申诉是最快捷和高效解决劳动争议问题的方式，可以解决工作中的摩擦和不满，在此基础也可以降低企业产生劳动争议的风险。由于各企业的内部结构存在差异，对申诉的处理流程不一定相同，所以具体到个案中，需要关注员工所在企业的规章制度。

主题 THEME　　　　　　　　　　　　　　　　日期 Date　　　/　　/

```
劳动监察内容
├── 社会劳务中介机构和社会培训机构遵守有关规定的情况
├── 劳动合同的订立和履行情况
├── 用人单位招聘行为
├── 劳动者的工作时间
├── 企业遵守企业工资总额宏观调控规定的情况
├── 用人单位支付劳动者工资情况
├── 国有企业经营者的收入情况
├── 用人单位和劳动者缴纳社会保险费情况
├── 社会保险金给付情况
├── 用人单位遵守职工福利规定的情况
├── 用人单位和劳动者遵守职业技能开发规定的情况
├── 社会职业技能考核鉴定机构对劳动者职业技能考核鉴定及发放证书的情况
├── 承办境外承包工程、对外劳务合作、公民个人出境就业的机构,维护境外就业人员合法权益的情况
└── 法律、法规、规章规定的其他事项
```

> ⚠ **请注意**
>
> 劳动监察是指劳动保障监察大队依法对用人单位和劳动服务主体遵守劳动法律法规的情况实行检查、督促、纠偏、处罚等一系列监督行为。

主题 THEME   **日期** Date   /   /

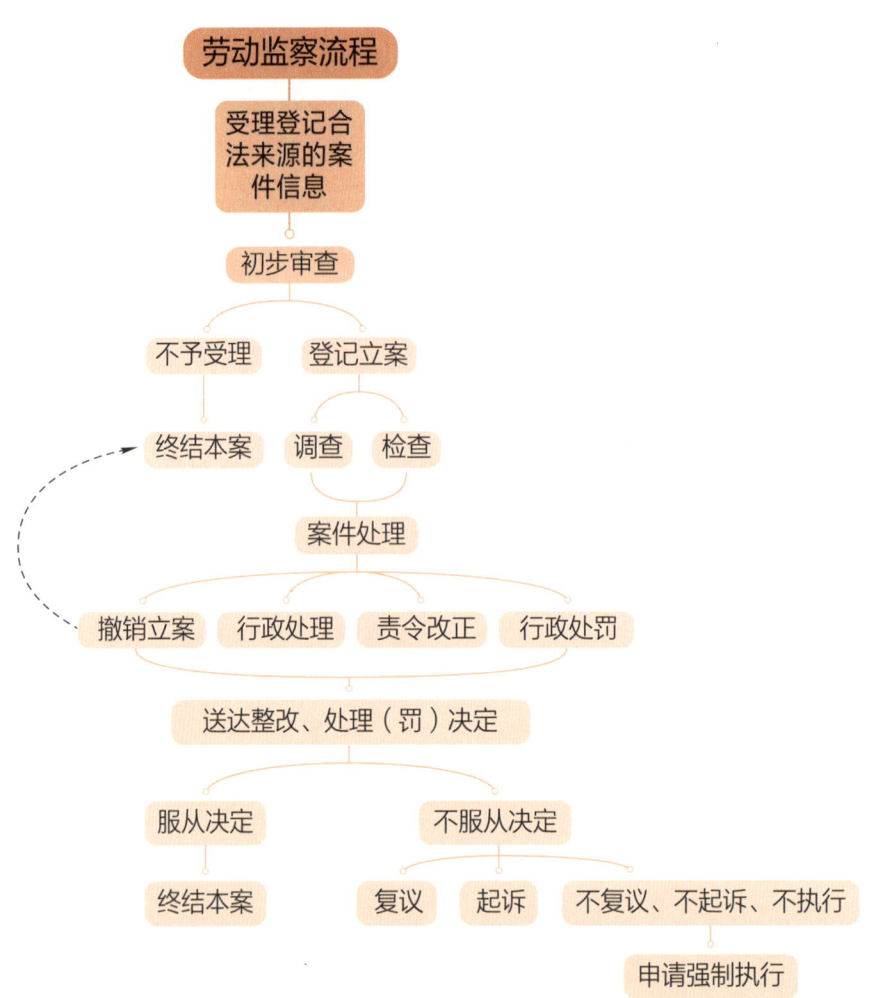

> ⚠ **请注意**
>
> 　　针对劳动案件情况的监察，主要来源包括职工群众举报投诉，劳动保障监察日常巡查或主动监察，劳动保障监察书面审查，相关部门移送，上级机关指定交办或者其他合法来源。当案件信息被劳动保障监察大队获取后，一般会按照上述劳动监察流程对案件予以办理。
>
> 　　（行政）复议是指被监察主体认为劳动保障监察大队的行政行为侵犯其合法权益，依法向行政复议机关提出复查该具体行政行为的申请，行政复议机关依照法定程序对被申请的行政行为进行合法性、适当性审查，并作出行政复议决定的一种法律制度。一般情况下行政复议机关是劳动保障大队的上级单位即所在的人力资源社会保障局。

主题 THEME   日期 Date   /   /

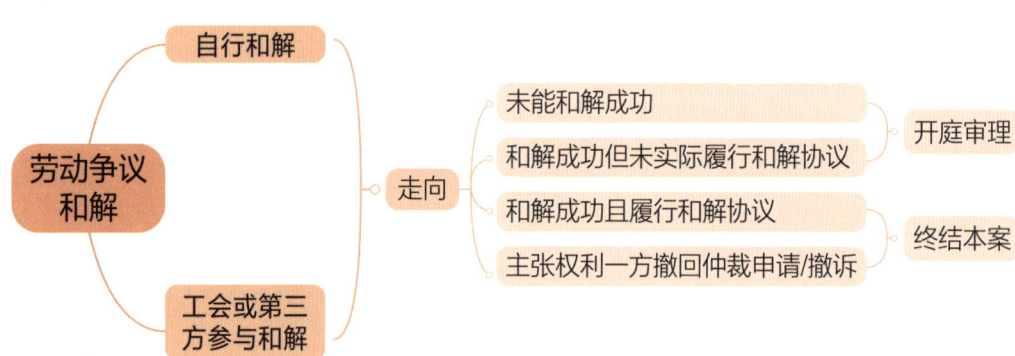

> ⚠ **请注意**
>
> 　　劳动争议和解是劳动争议双方当事人就争议的事项进行自主协商，互相妥协或作出让步，以达成和解协议，从而解决纠纷的一种行为。

主題 THEME　　　　　　　　　　　日期 Date　　/　　/

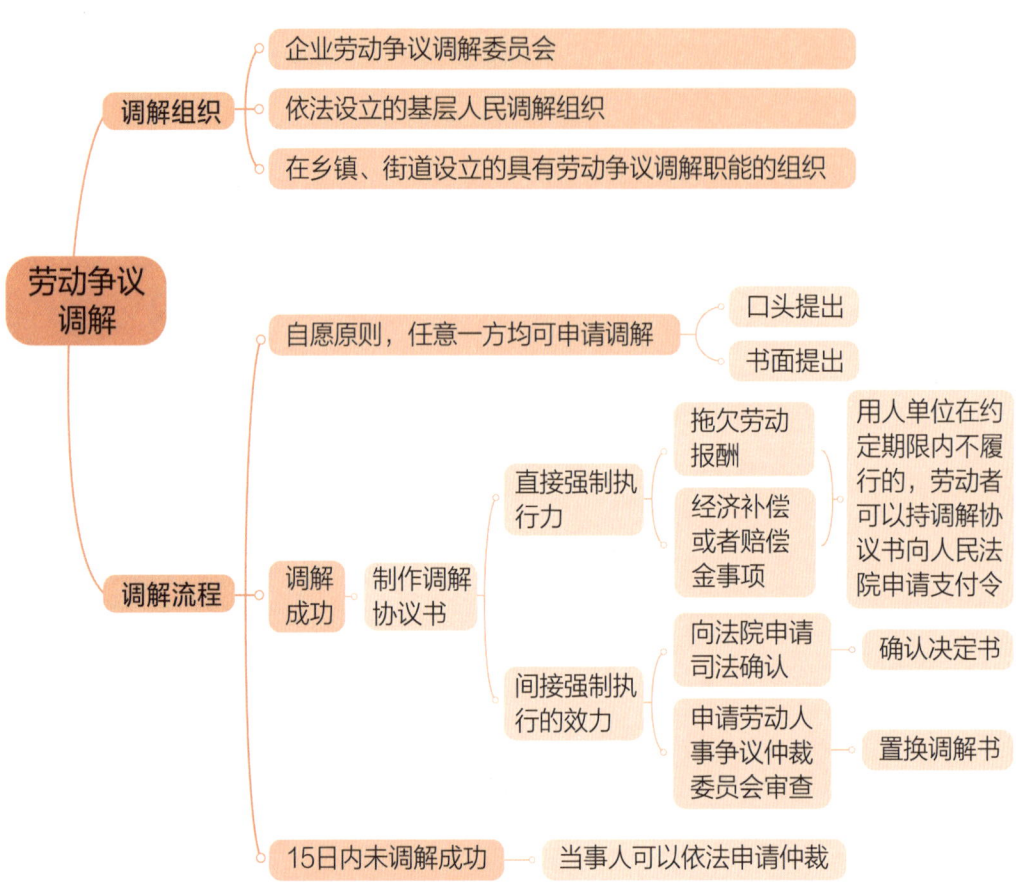

> ⚠ **请注意**   ✕
>
> 　　劳动争议调解是基于劳动争议双方当事人的申请,由居中的法定调解组织通过灵活多样的方法和耐心细致的说服疏导工作,帮助当事人自愿达成调解协议。不同于仲裁或诉讼中仲裁员以及法官的调解,调解组织的调解协议多数需要进行效力加固才具有强制执行力。

主题 THEME　　　　　　　　　　　**日期** Date　　／　／

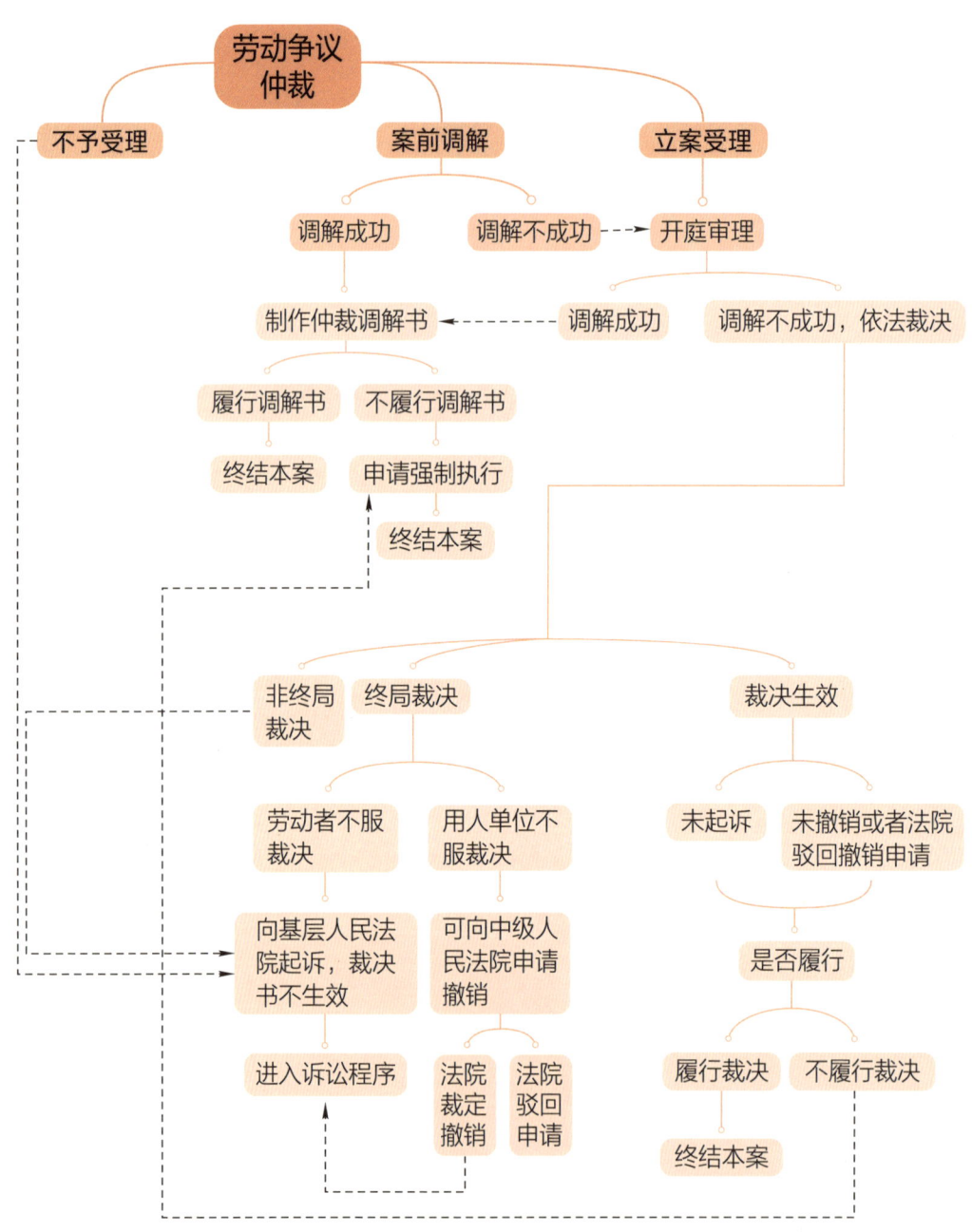

主题 THEME　　　　　　　　　　　日期 Date　　/　　/

> ⚠️ **请注意**
>
> 劳动争议仲裁是劳动争议诉讼的法定前置程序。一般情况下劳动争议仲裁委员会根据当事人的申请,依法对劳动争议在事实上作出判断并在权利义务上作出裁决或者对双方的权利义务予以调解处理,但在一些情况下劳动争议仲裁委员会会出具不予受理通知。根据《中华人民共和国劳动争议调解仲裁法》有关规定,发生劳动争议后进入仲裁程序的流程如上述劳动争议仲裁图所示。
>
> 劳动仲裁前置指劳动争议案件必须先经过劳动仲裁程序,当事人对仲裁裁决不服、劳动仲裁部门逾期未作出仲裁决定或者不予受理的,才可以向人民法院提起诉讼。
>
> 终局裁决指满足下述条件的劳动争议案件,经劳动仲裁委员会作出仲裁裁决后即发生法律效力。
>
> 1. 仲裁裁决涉及下列事项,对单项裁决金额不超过当地月最低工资标准十二个月金额的,劳动人事争议仲裁委员会应当适用终局裁决:
>
> (1)劳动者在法定标准工作时间内提供正常劳动的工资;
>
> (2)停工留薪期工资或者病假工资;
>
> (3)用人单位未提前通知劳动者解除劳动合同的一个月工资;
>
> (4)工伤医疗费;
>
> (5)竞业限制的经济补偿;
>
> (6)解除或者终止劳动合同的经济补偿;
>
> (7)《中华人民共和国劳动合同法》第八十二条规定的二倍工资;
>
> (8)违法约定试用期的赔偿金;
>
> (9)违法解除或者终止劳动合同的赔偿金;
>
> (10)其他劳动报酬、经济补偿或者赔偿金。
>
> 2. 因执行国家的劳动标准在工作时间、休息休假、社会保险等方面发生的争议。

主题 THEME　　　　　　　　　　　日期 Date　　　/　　/

劳动争议诉讼

不符合立案条件
- 不予受理
- 驳回起诉

走向：
- 未上诉 → 终结本案
- 对裁定不服，在10日内向上一级人民法院提起上诉
  - 维持原裁定
  - 裁定受理

符合立案条件
受理 ← 当事人申请诉讼保全 → 执行诉讼保全程序

向对方当事人送达起诉状、证据（如有）、开庭传票
- 对方当事人签收 → 送达成功准备开庭 → 独任制审理
- 对方当事人下落不明 → 公告送达 → 合议制审理

开庭（线下或网络）
- 小额诉讼程序 → 出具判决书、裁定书或调解书 → 一审终审终结本案
- 简易程序 / 普通程序 → 一审审理结果
  - 调解成功 民事调解书
  - 未调解成功 出具判决书、裁定书
    - 不服判决15日内上诉
    - 不服裁定10日内上诉

二审审理结果
- 未调解成功 出具判决书、裁定书
  - 维持原判
  - 依法改判
  - 发回重审 → 重新进入一审程序
- 调解成功 出具民事调解书

二审终审终结本案

主题 THEME　　　　　　　　　　日期 Date　　／　／

⚠️ **请注意**

1. 我国民事案件一般适用两审终审制，即对于起诉到法院的案件，一般需要历经一审、二审法院审理才能终审，但因一审终审制度、一审调解或者未上诉导致一审判决生效的案件除外，劳动争议案件也不例外。

2. 独任制审理是指由一名审判员独立对案件进行审理并作出裁判的制度。

3. 合议制审理是指由三名以上为奇数的审判人员，包括由审判员、陪审员共同组成合议庭或者由审判员组成合议庭对案件进行审理并作出裁判的制度。

4. 小额诉讼程序适用情形如下：

（1）基层人民法院和它派出的法庭审理事实清楚、权利义务关系明确、争议不大的简单金钱给付民事案件，标的额为各省、自治区、直辖市上年度就业人员年平均工资百分之五十以下的，适用小额诉讼的程序审理，实行一审终审。

（2）基层人民法院和它派出的法庭审理前款规定的民事案件，标的额超过各省、自治区、直辖市上年度就业人员年平均工资百分之五十但在二倍以下的，当事人双方也可以约定适用小额诉讼的程序。

5. 简易程序是相对于普通程序而言的，是基层人民法院和它的派出法庭审理简单的民事案件所适用的一种独立的一审诉讼程序，适用于事实清楚，权利、义务关系明确，争议不大的简单民事案件。

6. 发回重审是二审法院经过对一审上诉案件审理，认为一审法院的判决认定事实不清、证据不足；或者一审判决违反法定程序，可能影响案件正确判决；或者一审判决遗漏当事人、诉讼请求等事由。由二审法院作出撤销一审判决的裁定，将案件发回一审法院重新审理的审判制度。

主題 THEME   日期 Date   /   /

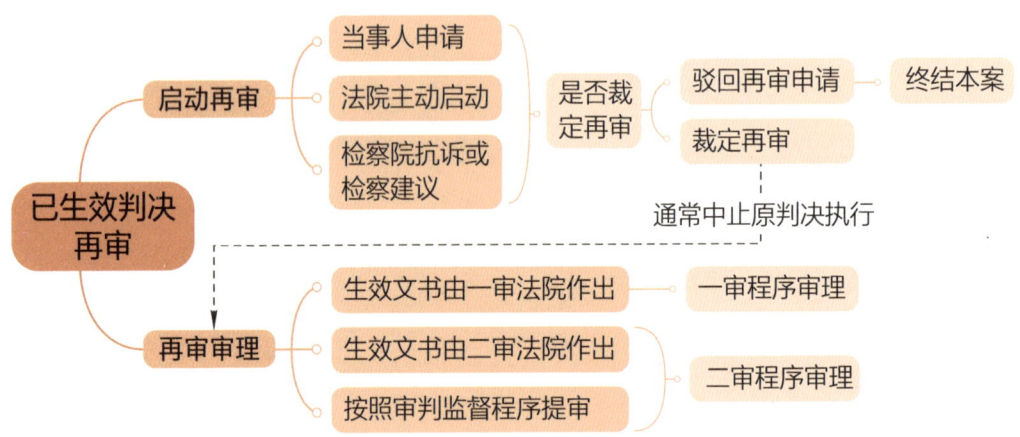

⚠️ **请注意** ✕

除一审程序和二审程序之外,劳动争议案件当事人有可能就生效判决申请再审或者因对方当事人不履行判决而申请强制执行。

主题 THEME   日期 Date   /   /

专题十二 多元化用工与配置合规

- 用工模式之两方主体
- 标准劳动关系
- 用工模式之三方主体
- 劳务派遣
- 用工单位原因退工情形
- 劳动者原因退工情形
- 外包
- 新业态用工
- 人才共享
- 两方型用工流程
- 三方型用工流程

星期一	星期二

拾贰月

星期三	星期四	星期五	星期六	星期日

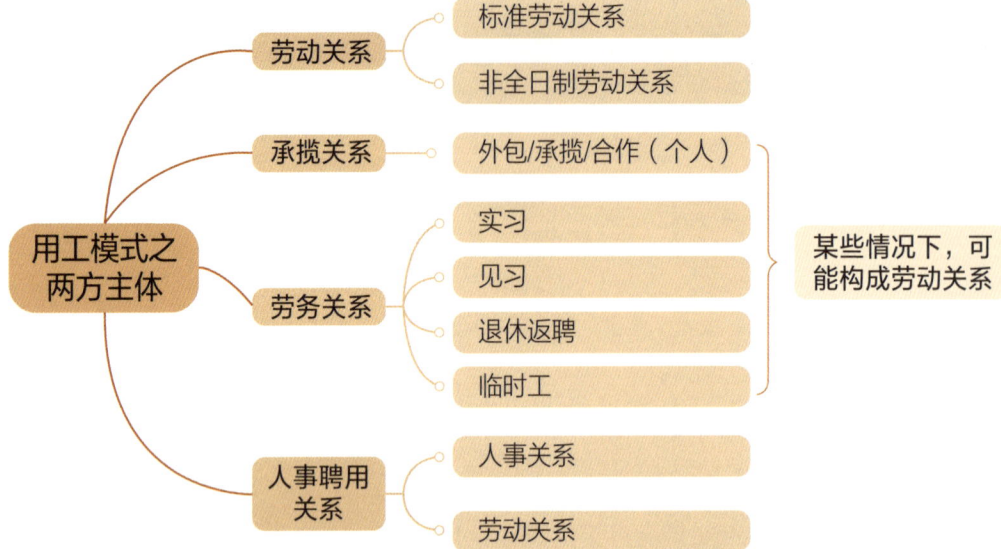

> ⚠️ **请注意**
>
> 1. 外包／承揽／合作（个人）是指，企业将部分业务或工作内容发包给具备从业资质，能够完成这项业务的个人，由其按照企业的要求完成相应的业务或工作内容。
>
> 2. 实习是指在校学生进入工作岗位前的实践学习活动。
>
> 3. 见习是指政府组织青年到政府确定的见习基地的特定岗位进行实践锻炼的一项就业或创业准备活动。组织主体一方应是政府确定的见习基地。在实践中，基地与个人之间一般形成的是劳务关系。
>
> 4. 退休返聘是指已经享受养老保险待遇的人员，通过与原用人单位或者其他用人单位签署合同，约定工作内容、工作报酬、工作时间等内容，双方据此继续达成退休后工作关系的状态。个人主体一方与用人单位之间一般形成的是劳务关系。
>
> 5. 临时工，目前没有一个标准的法律上的定义，泛指在工作场所里非正式雇佣的人员。根据实际情况的不同，其与组织之间可能构成劳动关系、非全日制劳动关系、劳务关系。
>
> 6. 事业单位与事业编工作人员签订聘用合同，双方建立的是人事关系；事业单位也可以与非事业编工作人员签订劳动合同，双方建立的是劳动关系。不同的用工关系适用的政策标准不同，当人事规定中没有相关内容时，对聘用制工作人员的管理可以适用劳动法律与政策的规定。

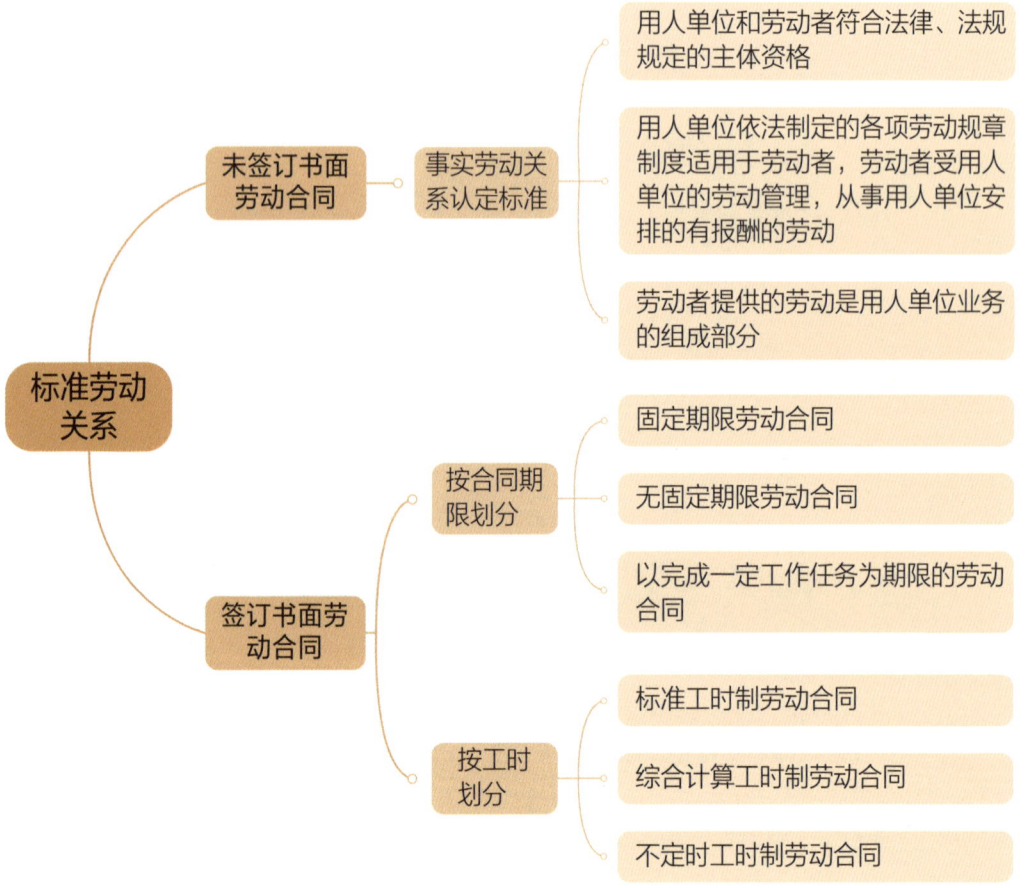

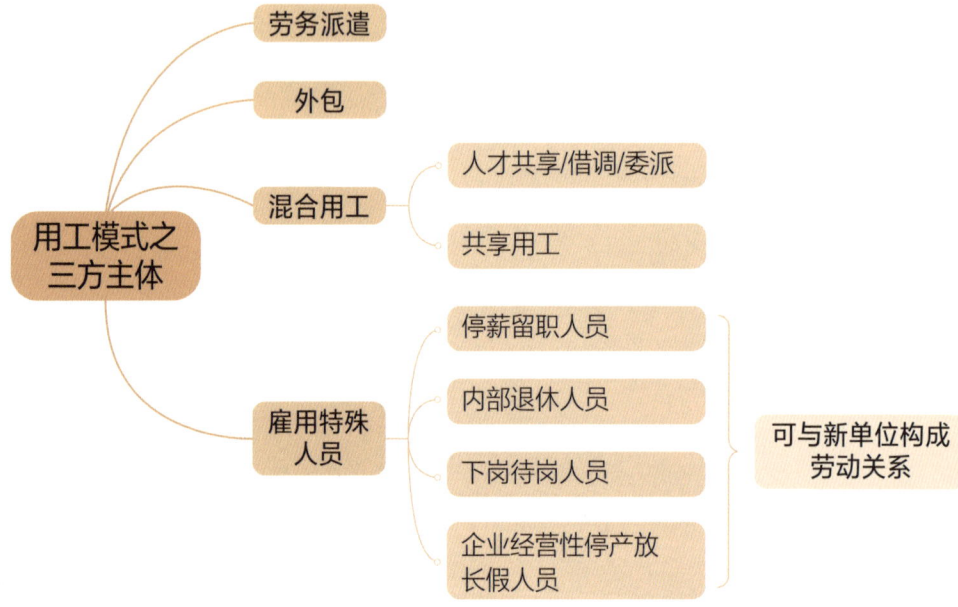

> ⚠️ **请注意**
>
> 1. 劳务派遣是指劳务派遣单位将与之签订了劳动合同的劳动者派遣至另一单位处工作的一种用工形式。提供劳动者的一方是劳务派遣单位（用人单位），接受劳动者劳动的一方是用工单位。
>
> 2. 外包是指单位作为发包方，将部分业务或辅助性的工作任务委托给具有相关资质的专业单位，专业单位作为承包方自行组织招用人员来完成承揽的工作任务，向发包单位交付成果。
>
> 3. 人才共享/借调/委派是指单位将与其建立劳动关系的正式员工在获得本人的同意后，在一段时期内借调给另一单位（通常为其内部单位/关联单位），在这段时期内，员工接受另一单位的管理和工作安排。
>
> 4. 共享用工是指原单位与劳动者协商一致，将劳动者安排到缺工单位工作，不改变原单位与劳动者之间劳动关系的一种用工方式。原单位需要与缺工单位签订合作协议，并在协议中明确双方的权利义务关系以及劳动者的权益保护等事项；原单位还应当与劳动者协商一致，并变更劳动合同。

劳务派遣（一）：派遣单位

派遣单位的要求
- 应当具有劳动行政部门的行政许可
- 注册资本不少于人民币二百万元
- 有固定的经营场所和设施
- 有符合法律、行政法规规定的劳务派遣管理制度等
- 法律、行政法规规定的其他条件

派遣单位的义务
- 禁止向本单位所属单位派遣劳动者
- 禁止以非全日制用工形式招用被派遣劳动者
- 禁止短期派遣：需与劳动者订立2年以上固定期限劳动合同
- 必须将劳务派遣协议的内容告知劳动者
- 按月支付劳动报酬，劳动者在无工作期间，劳务派遣单位应当按照所在地人民政府规定的最低工资标准，向其按月支付报酬

主题 THEME   日期 Date   /   /

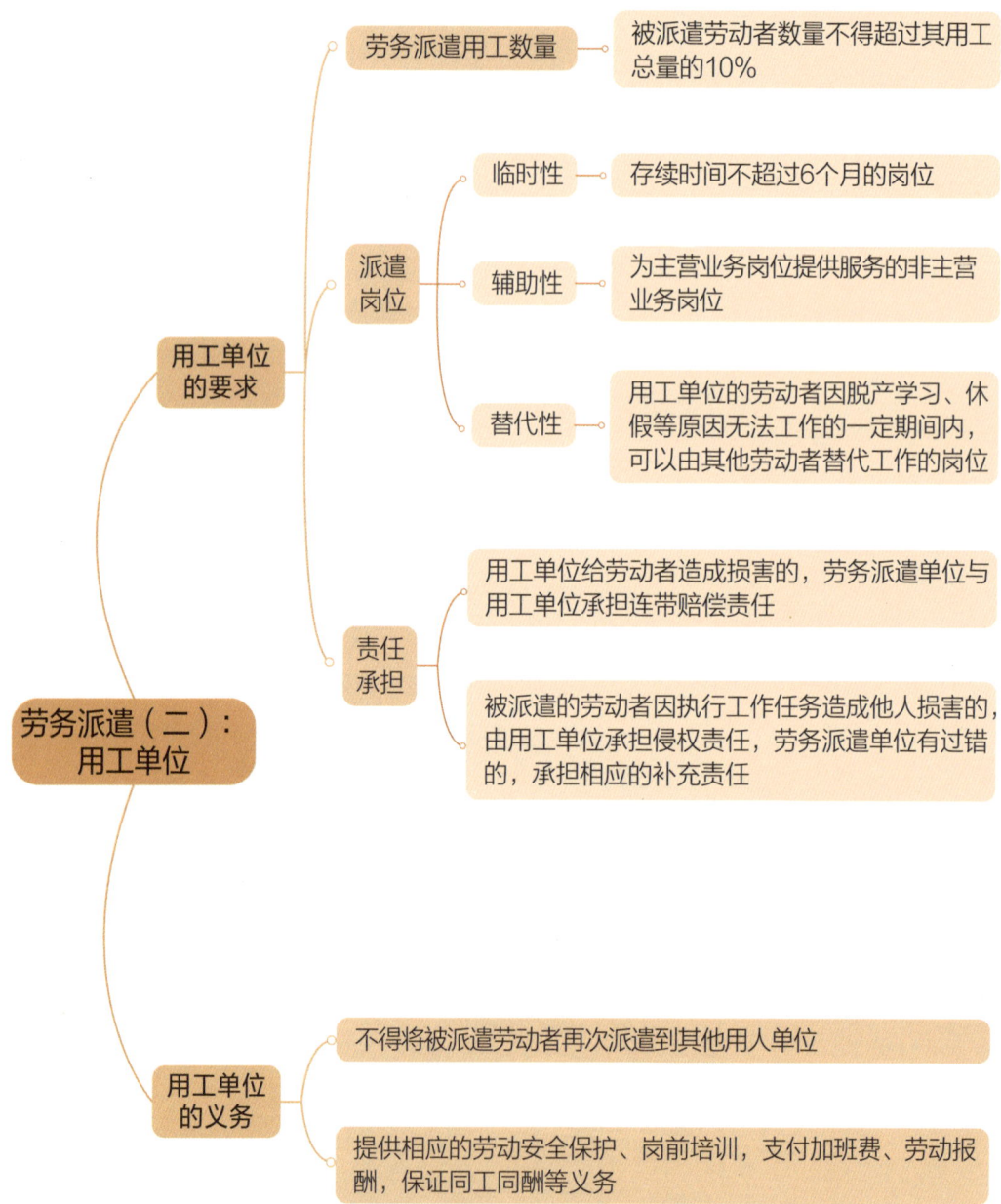

主題 THEME　　　　　　　日期 Date　　/　/

用工单位原因退工情形

- **情形一：用工单位有客观情况变化、经济性裁员情形的**
  - 例外情况：派遣期限届满前不可适用情形一而退回；派遣期限届满的应顺延至情形消失
    - 从事接触职业病危害作业的劳动者未进行离岗前职业健康检查，或者疑似职业病病人在诊断或者医学观察期间的
    - 在本单位患职业病或者因工负伤并被确认丧失或者部分丧失劳动能力的
    - 患病或者非因工负伤，在规定的医疗期内的
    - 女职工在"三期"的
    - 在本单位连续工作满十五年，且距法定退休年龄不足五年的
    - 法律、行政法规规定的其他情形
- **情形二：用工单位被依法宣告破产、吊销营业执照、责令关闭、撤销、决定提前解散或者经营期限届满不再继续经营的**
- **情形三：劳务派遣协议期满终止的**

主題 THEME　　　　　　日期 Date　　/　/

劳动者原因退工情形

依据《中华人民共和国劳动合同法》第三十九条

- 在试用期间被证明不符合录用条件的
- 严重违反用工单位规章制度的
- 严重失职，营私舞弊，给用工单位造成重大损害的
- 劳动者同时与其他单位建立劳动关系，对完成本单位的工作任务造成严重影响，且经用工单位提出拒不改正的
- 以欺诈、胁迫等手段致使劳动合同无效的
- 被依法追究刑事责任的

依据《中华人民共和国劳动合同法》第四十条

- 劳动者患病或者非因工负伤，在规定的医疗期满后不能从事原工作，也不能从事由用工单位另行安排的工作的
- 劳动者不能胜任工作，经过培训或者调整工作岗位，仍不能胜任工作的

主题 THEME　　　　　　　　日期 Date　　／　／

外包

- **表现形式**：服务外包、业务外包、劳务外包、工序外包等

- **供应商主体要求**：供应商是否需要特殊资质要求取决于发包方的服务内容是否涉及前置审批的从业资质

- **法律关系**：发包单位只与承包单位之间存在民事法律关系，适用《中华人民共和国民法典》

- **管理责任主体**：承包单位与外包人员存在劳动关系，承包单位对外包人员进行管理，发包单位不参与外包人员的劳动过程管理

- **费用支付标准**：按照合同约定的工作量或服务效果进行结算

- **违约责任**：根据"外包协议"承担违约责任

- **对发包方操作建议**：
  - 核心关键业务岗位或可能接触到公司商业秘密的岗位应避免使用外包
  - 核实承包单位资质并留存相关证明文件
  - "外包协议"中明确各方权利义务，注意避免与劳务派遣协议的相关条款近似
  - "外包协议"中费用条款应注意，发包单位向承包单位支付外包服务费，仅与外包业务的完成情况有关，与外包人员的数量及工作时间并无直接关系
  - 应要求供应商提供外包人员签署的派驻人员身份确认单，包含该人员的基础信息，向发包方提供复印件留存备案
  - 只考察工作成果，对工作成果进行验收
  - 无直接管理权，不可直接管理外包人员
  - 不可要求外包人员遵守发包单位的规章制度

主题 THEME　　　　　　　　　　　　　　　　日期 Date　　　/　　/

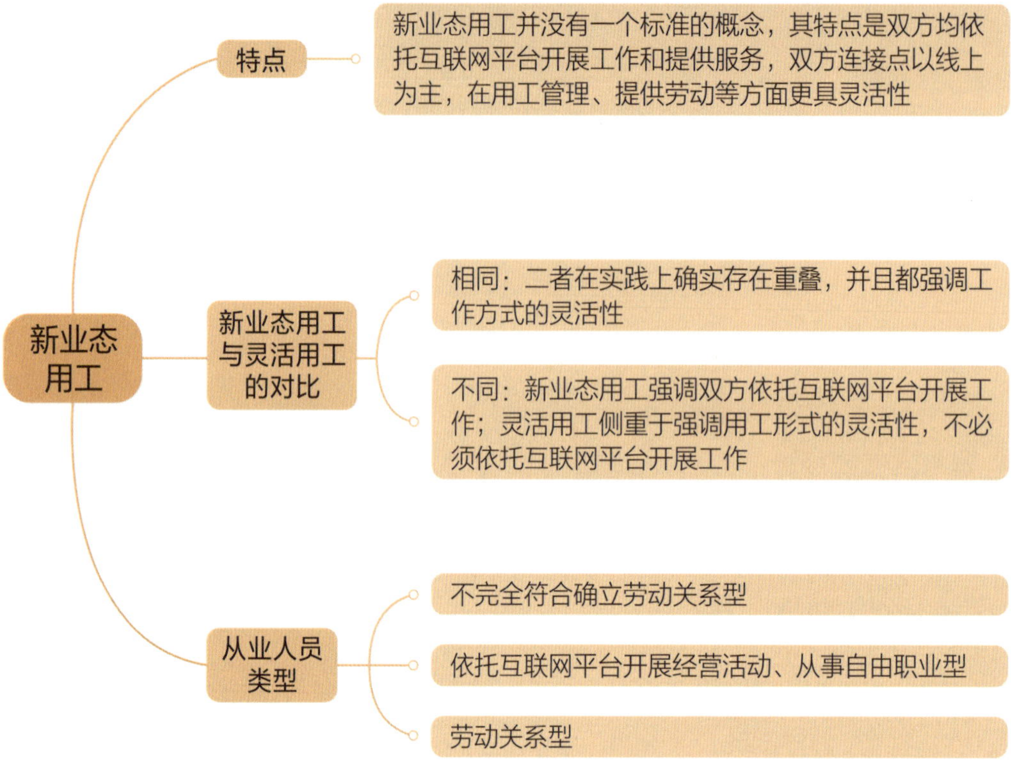

新业态用工

- **特点**: 新业态用工并没有一个标准的概念,其特点是双方均依托互联网平台开展工作和提供服务,双方连接点以线上为主,在用工管理、提供劳动等方面更具灵活性

- **新业态用工与灵活用工的对比**:
  - 相同:二者在实践上确实存在重叠,并且都强调工作方式的灵活性
  - 不同:新业态用工强调双方依托互联网平台开展工作;灵活用工侧重于强调用工形式的灵活性,不必须依托互联网平台开展工作

- **从业人员类型**:
  - 不完全符合确立劳动关系型
  - 依托互联网平台开展经营活动、从事自由职业型
  - 劳动关系型

> ⚠ **请注意**
>
> 1. 不完全符合确立劳动关系型:依托互联网平台,与平台企业不完全符合确立劳动关系情形,但根据平台规则完成工作和接受劳动管理,获取劳动报酬的劳动者。
>
> 2. 依托互联网平台开展经营活动、从事自由职业型:依托互联网平台,依法从事个体经营或个人自主利用自己的体力、专业技能等依法从事劳务、咨询、设计等活动,并取得劳动报酬的劳动者。
>
> 3. 劳动关系型:与互联网平台企业或加盟、代理、外包互联网平台业务的合作企业、劳务派遣企业(统称"企业")建立劳动关系或形成事实劳动关系,完成企业所赋予工作任务的劳动者。

主題 THEME　　　　　　　　　日期 Date　　/　　/

```
                    ┌─ 类型 ─┬─ 共享到另一家用人单位（借用单位） ─── 借调、委派    真正的共享
                    │        ├─ "共享"到本用人单位的不同岗位/项目 ─── 临时工作安排
                    │        └─ 用人单位内部"兼职"（如讲课、打扫） ─── 劳务
                    │
                    ├─ 风险 ─── 借调、委派中，由于涉及借用单位对相关人员的管理，可能形成
                    │           事实劳动关系。若发生工伤，将由借出单位承担工伤责任的风险
                    │
                    ├─ 文件 ─── 三方共同签署"借用协议"（"借调协议""共享人才协议"）
                    │
  人才共享 ─────────┤
                    │        ┌─ 核实借出单位的资质并留存相关证明文件
                    │        ├─ 与借出方明确约定人工成本的承担主体与结算方式
                    ├─借用单位├─ 与借出方明确约定知识产权的归属与奖励方式
                    │ 操作建议├─ 与借出方和借用人员约定应遵守的规章制度与劳动纪律、退
                    │        │   回的条件、薪酬与福利标准等
                    │        └─ 与借出方和借用人员约定发生工伤后的经济责任承担主体与
                    │            结算方式
                    │
                    │        ┌─ 与借入方明确约定支付薪酬、缴纳社会保险费和住房公积
                    └─借出单位│   金的主体，借入方汇款的方式与时间，违约责任等
                      操作建议└─ 与借入方及借用人员明确约定劳动关系、社保关系的归属，
                                 以及借用结束后劳动关系的处置等
```

主题 THEME 日期 Date   /   /

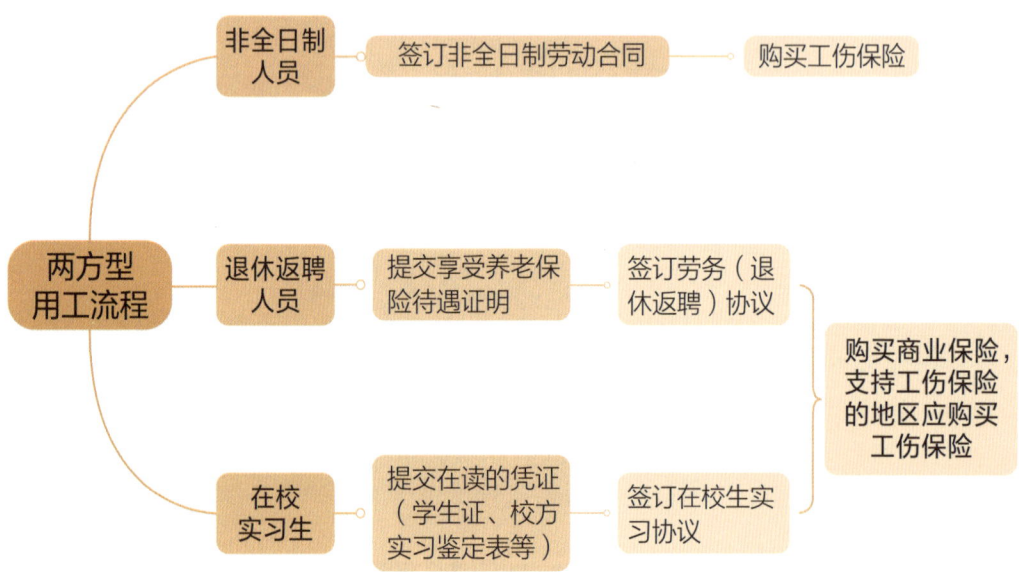

主題 THEME　　　　　　　　　　　　日期 Date　　　/　　/

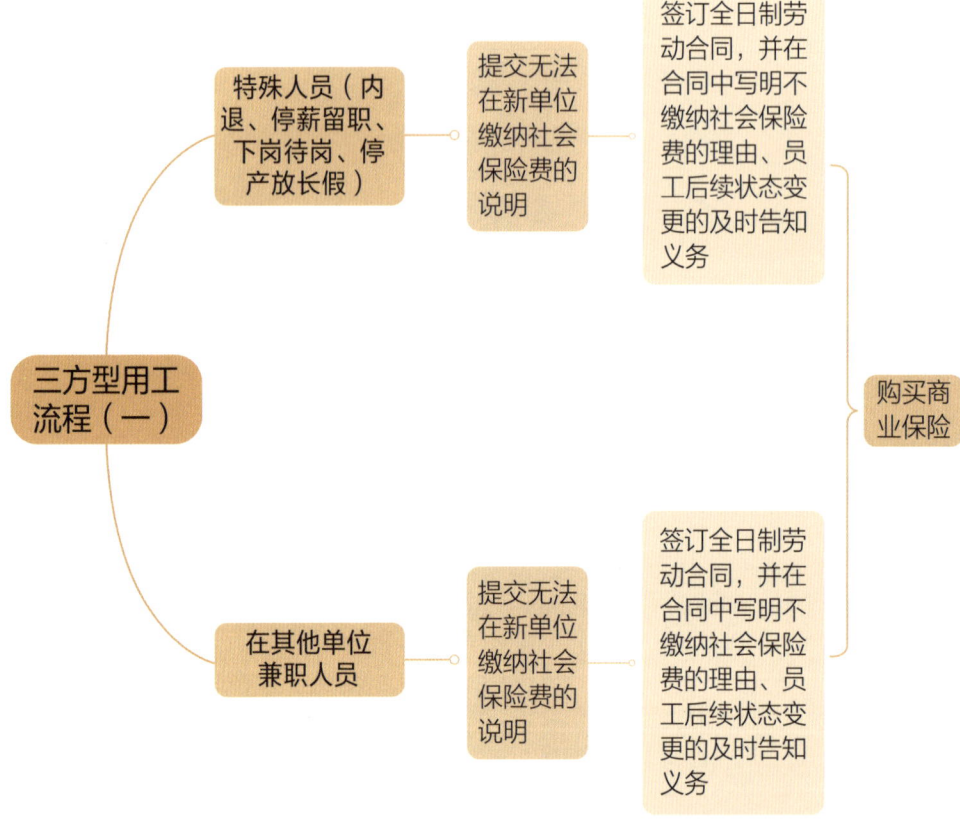

主題 THEME　　　　　　　　　　日期 Date　　　/　　/

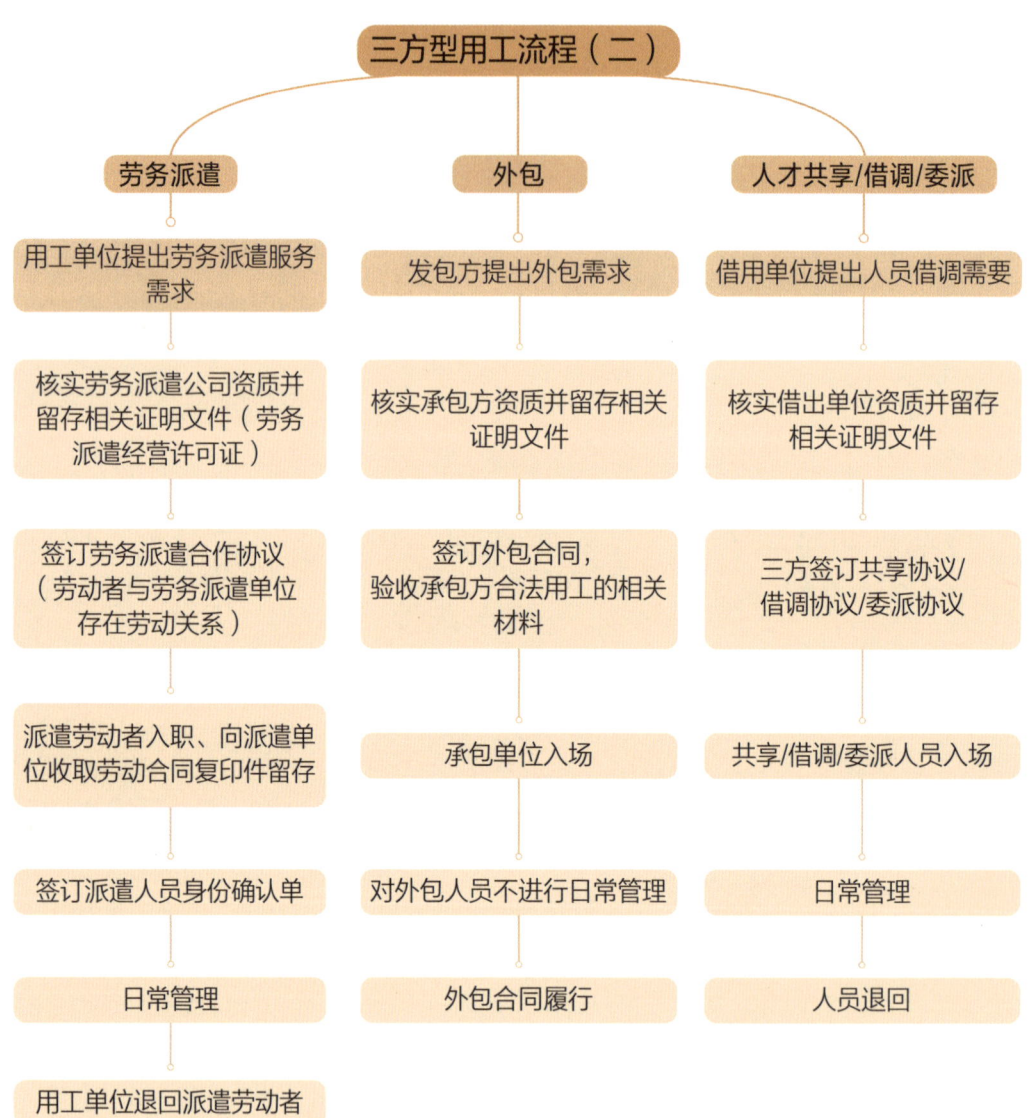

主題 THEME　　　　　　　　　　　日期 Date　　／　／